名师名校名校长

凝聚名师共识
圆名师关怀
打造名师品牌
培育名师群体

耕耘

希望田野的守望者

李秀媛 / 著

中国出版集团　现代出版社

图书在版编目（CIP）数据

耕耘：希望田野的守望者 / 李秀媛著. — 北京：
现代出版社，2022.11

ISBN 978-7-5231-0037-0

Ⅰ.①耕… Ⅱ.①李… Ⅲ.①英语课—教学研究—中
小学 Ⅳ.①G633.412

中国版本图书馆CIP数据核字（2022）第219447号

耕耘：希望田野的守望者

作　　者　李秀媛
责任编辑　张红红
出版发行　现代出版社
地　　址　北京市安定门外安华里504号
邮政编码　100011
电　　话　010-64267325　64245264
网　　址　www.1980xd.com
印　　制　北京政采印刷服务有限公司
开　　本　710mm×1000mm　1/16
印　　张　12
字　　数　192千字
版　　次　2022年11月第1版　　2022年11月第1次印刷
书　　号　ISBN 978-7-5231-0037-0
定　　价　58.00元

目 录

第一章　团队引领

第二章　课题研究

第三章　教学实践

第四章　游学笔记

第五章　教育漫谈

01

第一章

团队引领

名师启航，引领梦想

——参加广东省中小学名教师工作室主持人培训班有感

2018年7月14—20日，来自韶关、惠州、清远、汕尾、汕头及揭阳六个地级市的112名教师，会集在韶关学院省级中小学教师发展中心，参加广东省2018年中小学名教师工作室主持人及核心成员专项研修班的培训活动。我与工作室助手黄暖媛参加了此次培训。很荣幸，我被聘为韶关学院兼职教授。通过七天的培训活动，我们进一步明确了工作室的职责定位与发展目标。工作室将根据所学理论知识，认真总结反思，做好工作室工作计划，完善规章制度，将工作室建设落到实处，为培养我校乃至揭阳市英语名师贡献力量。

开班仪式

短短七天的培训，我们共聆听了十三个专题报告。每天的学习时间长、内容多，虽然身体有些疲惫，但精神却很饱满，教授们深入浅出的讲解让我们如饮甘露，如沐春风。他们幽默风趣的语言富有感染力，让听课的教师处于轻松愉快的氛围中，精彩处常赢得在座教师的阵阵掌声。

我们将以此为契机，留下一份真诚，用心做好名教师工作室的各项工作，力争让三年的努力出成果，回报省、市、县各部门领导的关心、支持和帮助。本次培训为工作室各项工作的开展打下了坚实基础。

学后知不足，路漫漫其修远兮，吾将上下而求索。作为工作室主持人，我将始终坚守做一个有思想、有情怀、有热情、有创造力的教育者的初衷，助力孩子成才，促进教师自身发展，与学校乃至揭阳市优秀英语教师们携起手来，共同走向揭阳市英语教育的美好明天。

培训活动纪实（一）

2018年7月15日上午，省级中小学教师发展中心专职副主任徐廷福教授主持了开班典礼。

韶关学院副院长徐剑教授介绍学校的基本情况。他提到：教育的根本任务是立德树人。今后教育的改革方向，不再仅仅追求学生的考试成绩，还追求学生品德的培养、素质的提高。他希望全体学员能通过为期一周的培训，思想、素养及品格得到全面提升，从而达到教育观念的转变。

发展中心常务副主任、成人教育处处长黄华明简要介绍了韶关"走梅关古道，看丹霞地貌；寻南禅祖庭，觅西学东渐"的独特人文历史，以及韶关学院省级中小学教师发展中心的成长历程。

项目组负责人廖圣河博士对本次培训方案进行简明扼要的解读。

开班典礼后，全体学员与发展中心教师、专家拍照留念。

接着，南京师范大学李如密教授为我们做了第一场报告：《课堂教学艺术及其修炼——教学艺术研究新进展》。

李如密教授做报告

　　报告分五个方面：对课堂教学艺术的基本认识、课堂教学艺术的构成、课堂教学艺术新理念、教师课堂教学艺术的修炼、解放教师的教学创造力。

　　温文儒雅的李教授首先向我们抛出一道思考题：《点》给人的启示？生动形象的绘本引发了我们的思考：面对教学中的窘境，如何运用有温度的语言，尊重、信任学生，有效地向学生传递能量，影响、改变学生？

　　李教授指出，要培养学生的创新意识，发展学生的实践能力，首先要求教师要具备实践能力，要懂得如何指导学生做相应的实践，在实践中学习。如果我们过多地强调"学"，而忽略"悟"，学生怎么获得学习的动力？因此，我们要研究如何使学生主动学习，进而乐于学习，这样，我们才能成为真正的"明师"，而不仅仅是"名师"。

　　当天下午，李教授继续给我们做《教学风格理论与优秀教师的成长》专题讲座，通过"打铁"等生动事例，深入浅出地道明了优秀教师成长应该走"自主创新、彰显个性、帮助生长、向内修养"的道路。

　　接下来，李教授从教学风格的本质与特点、教学风格的类型谱系、教学风格与学生的发展、教学风格形成过程及阶段、创造教学风格的基本方法五个方面帮助学员们深入了解教学风格的理论体系，并给予成长为优秀教师的方法指导。其中，他提到的基本观点有：通往优秀的道路有很多；穿合适的鞋，走更远的路；做回自己，做更好的自己；形成独特的教学风格。李教授对魏书生、于漪等教育专家的教学风格类型的逐一分解给学员们留下了深刻的印象。

当不少学员明确努力目标，纷纷迈向自己的"明师"阶段时，李教授特别提醒："有'舍'才有'得'"，需学会取舍。最后，李教授顺其自然地给学员们传授了创造教学风格的优势培育法、弱点逆转法、选择突破法、综合建构法、实践升华法、理论渗透法六种基本方法，让学员们受益匪浅。

活动结束，此次培训的项目组负责人廖圣河博士做了简要的总结性点评，并对学员们提出学习要求和殷切期望。全天的活动在热烈的掌声、和谐的氛围中圆满完成，学员们纷纷表示期待明天的精彩。

培训活动纪实（二）

2018年7月16日上午，在韶关学院省级中小学教师发展中心专职副主任徐廷福教授的介绍中，当天的培训拉开了序幕。

我们迎来了南京师范大学教育系主任、博士生导师吴永军教授。吴永军教授为研修班的全体成员做了题为《当前国内外课堂教学改革的价值趋向》的讲座。

吴教授从推荐三本书入手，为我们传授了教学改革六取向、核心素养四能力、高阶思维四模型、深度学习四策略。提出了六大教改取向：价值取向人本化与能力化、教学（学习）模式自主建构化、深度学习常态化、学习时空灵活化、教学理念行为化（操作化）、评价标准化和表现化，并逐一对这六大取向进行了细致讲解。

吴教授不仅帮助学员厘清核心素养的困惑，同时提供几个达成培养目标的重要维度，并辅以一系列真实的科研成果及详细的操作方案。让我们看到教育改革不再是空中花园，而是脚踏实地的实践。

下午，吴教授也从推荐三本书入手，做了题为《深度学习模型及其在教学中的应用》的专题讲座，谈了何谓"深度学习""深度思维"及促进深度学习的教学策略。吴教授提出，要改进课堂教学、提高教学质量，就必须落实好促进学生深度学习的深度教学，实现深度学习与课堂教学的深度融合，具体做到创设"情境性学习"环境、跨域式课程设计、项目学习和全息学习。

吴教授深入浅出的讲解让我们如饮甘露，如沐春风。他幽默风趣的语言富有感染力，让听课的教师们处于轻松愉快的氛围中，精彩处常赢得在座教师的阵阵掌声，连廖博士都被吴教授的观点深深折服。

在互动环节，吴教授对我们提出的问题一一作答。吴教授给我们带来了一场具有实践意义的讲座，使我们受益匪浅。

这一天学习下来，大家身体有些疲惫，但精神却很饱满。《礼记》曰：学然后知不足。学习没有满足，脚步不会停息。路漫漫其修远兮，吾将上下而求索。我们期待明天更精彩的学习。

培训活动纪实（三）

2018年7月17日，已是研修培训的第三天上午，广东省教育技术中心杨明欢主任和郭锋总工程师就名教师工作室的网络建设与应用的问题，从理论到实践，从解剖到操作，从点到面，深入浅出地为学员们进行演示，让学员们拨云见日。

接着，进入广东省名教师工作室主持人和核心成员高峰论坛环节。高峰论坛为学员们搭建了一个高层合作交流平台，学员们相互质疑、相互解疑、相互释疑，彼此进行知识传递、信息传递、技能传递，从而为今后工作室的发展打下坚实的基础。

下午，韶关学院省级中小学教师发展中心专职副主任徐廷福教授从名教师工作室的成长与职责的角度展开论述，启发我们成为名师不是目的，而是应该始终坚守做一个有思想、有情怀、有热情、有创造力的教育者的初衷，助力孩子成人成才，同时促进自身发展。

紧接着，韶关学院的王剑兰教授为学员们做了《中小学科研课题发现与科研论文撰写》的专题讲座，分别从课题选择、课题申报、课题研究、资料整理、论文撰写五个方面进行了详细的阐述，为在座的学员指点迷津：做研究要有问题意识，应该在已有的研究成果中探究新的问题，在理论观点的争议中寻找问题，在理论的空白处挖掘问题。

今天的学习内容多，容量大，任务重，可是作为学员的我们，依然积极汲取，勤做笔记，踊跃提问，精神可嘉！

2018年揭阳市中小学英语骨干教师培训班

——广东省李秀媛名教师工作室的一次集体活动

2018年10月20—23日，由市教育局委托华南师范大学举办的"2018年揭阳市中小学英语骨干教师培训班"在广雅书院四楼多功能厅顺利开班。我和工作室成员参加了本次培训，这是我们的第一次集体活动。

2018年揭阳市中小学英语骨干教师培训班开班仪式

参加开班仪式的有揭阳市教育局副局长林少佳、华南师范大学外国语言文化学院副院长胡宝平教授、华南师范大学外国语言文化学院英语系主任刘晓斌教授、揭阳市教育局教研室主任李绪强、揭阳市教育局教研室高中英语教研员林建庭以及来自全市各地各校高中英语骨干教师共300人（含80人到广州跟岗学习）。林少佳副局长、李绪强主任和教研员林建庭老师介绍了揭阳教育的现状与发展，也表达了对揭阳教育和揭阳教育工作者的期许。胡宝平教授和刘晓斌教授介绍了高中英语教育的最新发展动向与本次培训的重点。学员代表江舒雅老师发言表达了培训教师们期待积极参加培训的决心。

揭阳市中小学英语骨干教师培训班旨在提高英语教师对国家英语课程标准、与英语教学相关的语言学和教育学等理论的认识与实践水平，促进教师专业化，助力地方英语教师队伍建设，为推动课程改革和提高学生的英语综合运用能力提供优质师资保障。

本次培训时间为四天，培训课程共设置了八个专题，由华南师范大学多位教学经验丰富的专家教授进行培训。

刘晓斌教授从分析最新的课程标准入手，提出"多模态语篇"的概念，提倡在日常教学中重视新媒体和新技术的运用，并提供了非常便捷实用的资料素材和具体的使用操作。

胡宝平教授以"英语学科核心素养与文化教学"为题，深入浅出地讲解了新课程标准中"英语学科核心素养"的内涵，以及教师如何在教学中创新基于核心素养的课程体系、评价机制和教学方法。

成镇全教授以教师的语言意识为根本的层面，讲授了在新课程标准下，教师应该持有的科学的语法教学观和实际语法教学所需要注意的问题。

成镇全教授进行培训

朱晓燕教授针对目前教学普遍存在的"教""学""考"三者关系不对称、不合理的问题，提出了英语语法课堂教学的新模式——DDIT（demonstrating，discussing，imitating，timed-training），并以一节真实课堂为例，进行了细致的讲解。

作为"教坛名师""教研能手"的陈广乙老师热情无私地分享了他作为英语科组长及一线教师对"高中写作学习策略与写作教学设计"的独到见解和细致的做法。

廖春风老师以"高中英语阅读教学"为题，理论结合教学案例，综述了高中英语阅读的教学模式和方法，给培训学员提供了丰富的知识储备。

"在学习中探索，在探索中进步"是名教师工作室创建的宗旨，秉承这一宗旨，我们格外珍惜这些接触前沿学科知识的学习进步的机会。带着一颗求知若渴的心，在此次"2018年揭阳市中小学英语骨干教师培训班"中，我们收获满满。这是我们工作室的一次有意义的活动，将让我们在教书育人的道路上走得越远、越好。

工作室成员参加培训班合影

新时代、新起点、新征程

——广东省中小学名教师李秀媛工作室揭牌暨开班仪式顺利举行

"雄关漫道真如铁，而今迈步从头越。"2018年12月13日，广东省中小学名教师李秀媛工作室揭牌暨开班仪式在揭阳第二中学顺利举行。揭阳市教育局教研室李绪强主任、教研室教研员林建庭老师，揭阳第二中学林怀波校长、江利辉副校长、陈克新副主任，以及工作室全体成员参加了本次活动。

揭牌暨开班仪式

揭牌、开班仪式由江副校长主持，他对莅临指导的与会领导表示了热烈欢迎和衷心感谢，并对流程做了简要介绍。

首先，作为工作室主持人，我介绍了工作室成立的背景：在广东省教育厅组织的新一轮（2018—2020年）广东省中小学名教师工作室主持人遴选活动中，在各级党政领导的关心、支持、指导下，我凭借着丰硕的教学成果、扎实的专业素养和独特的教育理念，被评为新一轮的工作室主持人。接着，我介绍了工作室的导师、指导专家，他们分别是韩山师范学院外国语学院院长邹慧明副教授、韩山师范学院外国语学院副院长张丽彩副教授、揭阳市教育局教研室教研员林建庭老师和揭阳市教育局教育信息中心教研员、技术专家黄金顺老师。工作室全体成员将以"读书、倾听、探究"为指导思想，以"困惑驱动，问题打造；专家引领，拾级而上；示范观摩，博采众长；实践磨砺，协同共进"为发展策略，追求在相互呵护中催发对事业的追求与教育的睿智，不断地认识自我、完善自我、超越自我，做践行师德的高尚者、课改的推进者、教研的探索者、教学的引领者、人文精神的撒播者。工作室主持人任重而道远，我将抓住机遇，排除万难，抓好工作室学习共同体的建设，充分发挥示范、引领、辐射作用，建成互动平台，引领专业发展，打造名师高地。

其次，揭阳第二中学时任校长林怀波代表学校对工作室揭牌表示祝贺，感谢上级领导对工作室给予的高度重视与支持。林校长向与会人员回顾了工作室申报的艰辛历程，强调了工作室成立的重大意义，并表态：学校将为工作室活动的开展提供有力的支持与保障，做工作室踏上新征程的坚强后盾。

再次，学员代表黄少坤老师发言。他表示，作为学员，他既开心、兴奋，对未来充满信心；又诚惶诚恐，深感重任重大；但他会矢志不渝地和其他学员教师不断更新教学理念、完善知识体系、提高教学技能，实现工作、学习、培训、研究一体化，争取做到：认真参与，奉献力量；虚心学习，提高艺术；不断实践，精控课堂；勤奋读书，促进成长；积极研究，结出硕果。

复次，市教育局李绪强主任对工作室揭牌表示祝贺，从一个教育专家的高度，用启智涤心的话语，深度解读了建立"名教师工作室"的目的和意义。他表示，名教师就应当是师德的表率、育人的模范和教学的专家。李主任勉励工作室全体成员在未来工作的开展中力争做到：①珍惜机遇荣誉，努力学习研究、修己达人；②注重专业发展，自觉走专业化发展道路，具备专业品质、专业眼光、专业技能和教育信念；③享受幸福，过快乐的教师生活，努力做到修身养性，保持身心愉悦，做幸福生活的缔造者。他强调，成就教师本身，就是成就教育。

最后，与会领导和专家们为工作室助理及成员们颁发证书，共同为工作室揭牌，并与全体成员合影留念。

当天上午，市教育局教研室教研员林建庭老师以"Rethinking the Teaching of Grammar and Vocabulary"为题，给全体学员做了专题讲座。林老师以苏格拉底的名言"教育不是灌输，而是点燃火焰"开始了讲座。接着，他从多年的一线教学、听课评课、教学研究中提取了典型的教学案例，有效地引发了教师们对语法和词汇课的思考。结合新课程标准，林老师呼吁教师们要乐学、常思、勤践、多创，努力发展学生的核心素养、挖掘英语精神、落实立德树人的任务。讲座精彩纷呈，赢得了阵阵掌声。

深信有揭阳市教育局领导的高度重视、有学校的大力支持、有年轻充满活力的工作室全体教师的团结协作，我们工作室将沐浴着新时代的春风，踏上新起点，走上新征程，成为研究的平台、成长的阶梯、辐射的中心。

名师送教下乡　引领高效课堂

——记2018年广东省李秀媛名教师工作室送教下乡活动

为了充分发挥名教师工作室的示范引领和辐射带动作用，完善城乡教育相互联动和促进机制，促进揭阳市英语教育的均衡发展，提升乡村学校教师教育教学能力，2018年12月17日，伴着冬日暖阳，我带领工作室一行11人，走进榕城区仙桥中学开展送教下乡活动。

我们的到来受到了仙桥中学的领导、教师们的热烈欢迎。在教务处周主任的陪同下，我们了解了仙桥中学的校史，参观了美丽的校园。仙桥中学是榕城区属下的一所高级中学，学校肩负着仙桥、梅云两个街道的高中教育。仙桥中学办学历史悠久，底蕴深厚，交通便利。学校的校园环境优美幽静，绿树成荫，文化气息浓厚，教学楼崭新亮丽，操场宽广气派，硬件配套设施齐全，更有独特的适合学习的自然环境。不过，这几年，学生人数有所减少，对于实行新高考模式，他们也存在着很多困难。

为起到示范引领的作用，我为仙桥中学高二（1）班的学生们带来了一节生动有趣的示范课：选修三 Unit5 Poems中"Mind Map"（思维导图）在英语阅读中的运用。这节课主要引导学生通过课文找出关键词，再进一步画出思维导图。在思维导图的帮助下，学生能更好地理解课文的脉络和内涵。这堂课教学过程流畅，重点突出，采用小组分组活动的形式，学生们合作互助，共同画出思维导图。新颖的教学方式一下子就调动了学生学习的积极性，他们积极主动参与，通过合作探究完成教师布置的任务。整节课课堂气氛活跃。学生和听课的教师都受益匪浅，从中得到了启发。

课后，我和教师们就文本解读、评课及如何进行期末复习等进行了交流研讨活动。工作室学员与仙桥中学的教师确定帮扶对象。大家面对面交流互动，探讨教师在专业成长和课程改革实践中遇到的问题与困难，帮助基层教师改进教学方法，提高教学水平。

我们通过上示范课、听课、评课和交流等形式，让工作室的教育理念、方法与该校教师的教育理念、方法产生碰撞和交流，提升该校教师的教学理念，提高其课堂教学和教材处理能力，促进该校教学更好地发展。

送教下乡活动

专家引领明思路　课题论证谋新篇

——广东省李秀媛名教师工作室"核心素养下提升高中英语课堂教学有效性研究"开题论证会

2018年12月20日下午，广东省李秀媛名教师工作室专项研究课题开题论证会在揭阳第二中学如期举行。

开题论证会由工作室助手黄暖媛老师主持，还特邀揭阳市教研室黄锐辉副主任和揭阳市英语教研员林建庭两位专家参加了本次论证会。

作为课题负责人，我根据工作室专项研究课题的相关研究思路和理念，对课题研究目标和内容进行了详细的阐述，梳理了课题研究前期、中期、后期的阶段性规划。在接下来的工作中，工作室成员将合力对学科核心素养视域下的高中英语课堂教学进行研究，引导学生树立正确的英语学习观，培养学生的英语学习兴趣、自主学习能力、多元思维和批判性思维。

黄锐辉副主任对专项研究课题工作进行了指导。黄主任在课题研究方面经验丰富，有独到见解。他指出，该课题的研究方向符合新课标，肯定了核心素养这一领域的研究意义和研究价值。课题研究不仅能提高学校办学水平，而且能以研究任务驱动促进教师专业成长。接着，他从课题的研究重点、课题界定、理论依据等方面提出了很多可行性意见和建议，如课题研究要有理论依据的支撑，"研究概念"界定要清晰，课题研究要遵循科学的研究方法，课题研究范围不能太大，等等，从而使课题更加完善、更加科学严谨。

市英语教研员林建庭老师跟学员们强调课题研究要做到"多观察、细思考、勤工作"，希望课题组认真落实，进一步完善课题方案，扎实开展好此项课题研究工作。林老师从英语学科的角度指出了课题研究应注意的问题，分享了很多外语专家先进的教学理论，提醒学员们"尽信书不如无书"，要带着批判性思维进行研究，从微技能入手来提高课堂教学效果，研究成果要落实到课堂教学中去。

论证会后，两位专家还与学员们进行了对话交流，为学员们答疑解惑。工作室的学员们在本次报告会活动中学到了不少课题研究的知识与技巧，它们在将来的实践中必发挥重要的作用。

古都研修，筑梦前行

——参加2019年广东省名教师、名校（园）长工作室主持人团队专项研修小结

金秋九月，汕头、揭阳、潮州三市名教师工作室主持人、助手一行87人相聚美丽古都南京，参加为期一周的"2019年广东省名教师、名校（园）长工作室主持人团队专项研修"学习活动。我与工作室助手黄暖媛老师参加了这次研修。一周虽短，但我们收获颇丰。

一、专家指引，保驾护航

六朝古都南京自古以来就是一座崇文重教的城市，有"天下文枢""东南第一学"的美誉。明清时期，中国一半以上的状元出自南京江南贡院。如今，南京更是全国重要的科研教育基地。本次活动由广东省教育厅主办，韩山师范学院承办，中国教师教育网协办并组织实施。本活动旨在通过大学教授专家们的讲座，提升工作室主持人的教育理论水平，进一步提高工作室的示范引领作用和指导能力。

南京师范大学教育学院教授、博士生导师邵泽斌老师做题为《基础教育使命：知识转型与课程教学改革》的学术报告。

邵泽斌教授围绕课程改革的核心范畴和两种教学观的历时理路两个话题，指出学习的本质是点亮学生的内动力，让学习回归真实的常态，回归中国学生核心素养教育。他呼吁教育改革要尊重人的学习内在发展需求，重视学生学科学习结构的思维建构，让学生获得自主学习的幸福感和成功感，真

正体验学习的快乐，从而促进知识转型与课程改革的有机融合。知识可以有同化和顺应两种获得方式。学科结构的三种表征与螺旋式课堂，根据不同学段的学生，采用不同的教学技巧，从动作式到图像式再到符号式。比如，关于杠杆原理，教小学生可以让其在玩跷跷板中体会学习，教初中生给他们画个图即可让其理解接受，而面对高中生写个公式符号即可。

邵教授强调教学要关注生活，不可脱离实践经验去学习抽象的符号知识，要改变过分注重书本知识，出题难、繁、偏、旧的现状等。同时，邵教授强调探究要不拘泥于形式，不一定都是综合实践。比如，霍金坐在轮椅上可以思索和探究宇宙，学生坐在电脑前也可以实现探究学习。他还指出了学知识偏执化的体现：脱离生活、脱离情景、不考虑儿童的学习差异。

邵教授提出的是一个教学的普遍现象，很多老师上课还是照本宣科，没有把课本知识与实际生活联系起来，学生学起来觉得枯燥难懂、没兴趣，自然也就不愿意学了。在接下来的工作室学员跟岗活动中，我准备与学员们分享邵教授的观点，反思自己的教学方法，引领他们去寻求新的有效课堂，把核心素养教育真正落到实处。

南通教育科学研究院副院长、特级教师、正高级教师冯卫东做题为《点亮教育人生的"灯"：和优秀中小学教师谈"教学主张"》的讲座。冯院长的讲座高屋建瓴，从具体的教师成长案例出发，为我们诠释了教师确立教学主张的必要性和重要性，为我们点亮了教学科研前进道路的"明灯"。冯院长呼吁教师一定要及时总结教学经验，追求做明师重于追求做名师，过一种明明白白的教学生活。要做明师就必须有自己坚定的教学主张。冯院长为我们详细解读了如何将自己的教学主张渗透到教学过程中去并指导自己的教学实践，并由此总结、阐述了自己的教学思想。通过冯院长的讲座，我对教学主张有了新的理解，对自己的教学也有了新的想法。

南京市鼓楼区教师发展中心名教师工作室管理中心主任王为峰为我们带来了《名教师工作室工作的实践与思考》专题讲座。王主任为我们呈现了当地优质的科研环境和厚实的科研力量，更从如何指导工作室开展工作为研修班的名教师工作室团队、名校（园）长工作室团队指引了工作方向与途径。王主任还列举了鼓楼区各工作室开展的丰富多彩的教研活动，开阔了我们的视野，启迪了我们的思路。

南通市通州区中小学教师培训中心副主任、特级教师、全国优秀校长凌宗伟为全体学员做《造就自己，成全他人——关于"名教师工作室"的几个问题》专题报告。他认为工作室是一种研修形式，是一个学习共同体。工作室的核心成员经过多年合作，应形成课例、课程、课题"三课一体"的共同追求，相互取长补短；每个成员都要努力向前，要善于读书、实践、思考，发挥自己所长，发挥"雁阵效应""蜂巢思维"，共同建设优秀工作室；工作室主持人也要有博大的胸怀，提供优质服务，推动学员向更高层次迈进。另外，他还讲了工作室研修策略，主要有两点：一是聚焦实际问题，任务驱动；二是叙事研究，从实践到文本。凌主任还特别强调了以下几点：工作室必须有产品意识，要懂得用课程化、系统化的思想开展研究；作为教师，应努力提高思维素养、信息素养、传播素养、跨学科素养，自觉提高自己的教育教学水平；要多读教育伦理学，明确教师的第一天职是求索真理、达至卓越、孕育民主；要导入项目PDCA管理模式，提高工作室管理水平；要致力于培养学生创新力、沟通力、思考力等能力；强调了录音、录像、笔记、访谈、整理等工作方法的重要性，介绍了叙事研究的特征，使我们明确了叙事研究的写作要素。

专家教授们学识渊博，理念先进，治学严谨，脚踏实地，讲座内容接地气，为我们今后工作室工作的继续开展起到了很好的引领作用。

二、名师访学，借鉴提升

在研修活动中，我们有幸走进了南京市李宝玉名教师工作室和郭学萍名教师工作室访学，收获颇丰。

李校长的讲座从工作室建设的理想化愿景、工作室角色的延展空间、工作室建设的实践性路径、工作室以评促建的发展性评价四个方面分享了建设名教师工作室的宝贵经验。李校长以主题学习为教学主张，致力于追寻"实证"的学科文化，指出在教学主张上要历经"主题教学—主题学习—主题学习结构元—主题学习结构流"之路，在工作室发展上要历经"标签找寻—做实标签—内涵发展"之路。通过全体工作室成员的多年努力，主题学习教学主张已成为苏派道德与法治学科教学的重要范式，工作室中的教师成长迅猛，产生了一大批优秀的骨干教师，在全国许多省市具有很大的影响力。

江苏省优秀工作者郭学萍老师用诗意的语言动情地为我们讲述了她作为一名工作室主持人的成长经历。她告诉我们：只有自己有魅力，工作室才有凝聚力；她为了"让每一支铅笔都爱上写作"，告诉我们要打破自己阅读的舒适期，海量阅读，广泛阅读；她以自己的亲身经历告诉我们，名教师工作室建设需要"冷思考"与"热作为"！

两位名师爱岗敬业、恪尽职守、兢兢业业、无私奉献的精神，正如一盏明灯指引着我们继续砥砺前行。

三、集思广益，共同进步

在本次研修过程中，我们还开展了"名师成长经验分享：我的成长故事""如何促进工作室成员的积极性与专业成长""名教师工作室运行机制的构建和思考"等主题研讨活动。各学习小组进行了热火朝天的讨论，并分享了各自的见解。我们在聆听与思考中，感悟教育的真谛；在交流研讨中，碰撞出智慧的火花。

四、反思改进，且行且学

研修活动也是一次自我反思、自我改进、不断提升的过程。

（一）读书学习，渡人渡己

读书学习是一种高雅的行为。书籍可以增见识、长学问，拓展思路，改变思维习惯，促进个人进步，净化心灵。作为一名工作室主持人，不能只读本学科的书，还应该博览群书。知识本身就是创新，只有通过读书，扩大经验，才能更加深入地教学，才能在课堂上与学生、与文本进行对话。在新教材、新高考背景下，每个教师都面临着新挑战、新要求，必须不断地充实自己，坚持读书学习，促进专业发展。

（二）调整计划，关注发展

通过研修学习，我对于工作室主持人的职责有了全新的认识，对工作室的规划进行了重新构思，希望自己的工作室有独特的风格。

工作室的周期目标。

1. 工作室第一年度工作计划

本年度是工作室起步阶段，完成工作室基础建设、建章立制和本年度工作任务。

（1）开展工作室建设

① 落实工作室场地、人员组成、职责分工。

② 构建工作室理念，形成工作室制度和相关计划（包括周期工作总计划和年度工作计划）。

（2）开展培养培训

① 遴选确定工作室学员，对工作室学员进行培养培训需求诊断，剖析培养对象在教育教学、专业发展等方面存在的主要问题，与工作室成员共同制订有针对性的培养方案。指导工作室培养对象制订个人职业发展规划方案，包括学习周期内及年度的发展目标、途径，明确双方职责和义务，等等。

② 安排培养对象到主持人所在单位跟岗学习，体验主持人的教育教学思想及管理智慧。本年度每位培养对象实际入室跟岗学习预计不少于10天，跟岗期间应全程参与工作室所在学校的教学教研活动；通过听课磨课、交流研讨等方式开展集中研修不少于5天。

③ 依托广东省教育资源公共服务平台建成辐射当地乃至省内外网上工作室，接收网络学员进入工作室学习，按照要求完成本年度网上协同研修任务。

（3）开展课题研究

① 工作室团队共同确立工作室课题研究的方向。

② 工作室将积极申报国家、省、市、县（区）等各级教育教学科研课题。

（4）开展送教下乡

工作室自主联系确定帮扶的学校，主持人和培养对象每人至少与两名乡村中小学教师结成互助帮扶对子，本年度至少组织开展一次送教下乡或下基层活动。本年度帮扶的学校是揭阳市榕城区仙桥中学。

2. 工作室第二年度工作计划

本年度工作室夯实发展基础。我们将逐步完善工作室建设，凝练工作室理念，形成工作室品牌以及完成本年度工作任务。

（1）完善工作室建设

① 通过工作室省内外互访、案例分享与分析等形式，加强主持人之间的相互学习交流，促进对自身工作室建设与管理理念的反思，从而完善工作室制度建设。

② 在教育教学改革实践中不断凝练工作室理念，促使主持人对品牌建设思路与策略进行制定，初步形成工作室品牌。

（2）开展培养培训

① 根据实际情况检视和优化培养方案，明确本年度及培养周期的发展目标、途径。

② 根据实际情况，开展多种形式的集中研修，不少于15天，可分段多次开展，其中将安排一次以上的外出学习研修。

③ 完成本年度网上协同研修任务。

（3）深化课题研究

通过课题研讨、专家指导、同行互评等方式，针对工作室在第一年度确立的课题研究方向，进一步明确研究问题，深化研究层次。

（4）开展送教下乡（基层）

确定送教主题，本年度至少组织开展一次送教下乡或下基层活动。

（5）接受中期检查

接受对口管理的发展中心会同市、县（区）教育局对工作室的中期检查、评估，加强工作管理和业务指导。

3. 工作室第三年度工作计划

本年度是工作室深化建设、总结宣传阶段，我们将进一步加强工作室建设、总结工作室理念、宣传工作室品牌，扩大名教师、名校（园）长工作室影响力以及完成本年度工作任务。

（1）深化工作室建设

① 通过工作室研讨、总结，案例分享与分析等形式，促进对工作室建设与管理理念的反思，深化工作室制度建设。

② 通过工作室主持人及培养对象研讨、总结等形式，进一步明确工作室

理念，形成工作室在所在专业领域的独特品牌。

（2）开展培养培训

① 根据培养方案验收本年度及培养周期的发展目标、途径。

② 根据实际情况，开展多种形式的集中研修，总计不少于15天，分段多次开展，其中将有一次以上的外出学习研修。

③ 完成本年度网上协同研修任务。

（3）凝练及推广成果

① 总结工作室建设经验，提炼课题研究成果；通过课题研究成果汇报等方式，促进主持人形成教育教学或办学思想。

② 通过发表论文或出版著作等形式，提高主持人总结提炼办学成果和论文撰写的能力，以及指导学员撰写的能力，促进工作室相关成果的沉淀和转化。

③ 加强工作室省内外交流研讨，可召开研讨会、座谈会，分享工作室经验，从而提高工作室成果展示度和影响力。

④ 争取在省内外新闻媒体、学术刊物等进行教育教学或办学思想和创新成果宣传展示。

（4）完成入室学员结业考核及工作室周期考核

研修活动已经完美收官，但我们工作室的工作才刚刚开始，我们将带着学习所得砥砺前行，把工作室的工作推上一个新台阶。在这个新时代，我们都是努力奔跑的追梦人。

广东省李秀媛名教师工作室标志

乐学善思，修己达人；乐教善研，成就教育

——广东省李秀媛名教师工作室中期建设成果展示

一、工作室主导教育理念

广东省李秀媛名教师工作室坚持以人的发展为本，以"乐学善思，修己达人；乐教善研，成就教育"为理念，把独特的教学风格、灵活的教学方法，渗透和辐射到工作室成员的英语教学中，充分发挥优秀老教师对青年教师的传、帮、教作用，通过上示范课、磨课、听课、评课和交流等形式，共同开展基于线上和线下的英语教学学科研究、教改探索、教学磨炼、学校管理实践与研究，实体与网络相结合的新型工作室。

作为揭阳市唯一的省级高中英语名教师工作室，在三年的培养周期内，我们着重引导青年教师依托成熟技术和平台，创新英语教学教研模式、方法和手段，促进信息技术与课程教学深度融合。全力推动师生应用网络学习空间开展英语教学活动，不断优化教学模式，促进学生自主、个性发展。

二、工作室主要活动

（一）揭牌启航，砥砺前行

2018年12月13日，又到了冬天。寒风凛凛，揭阳第二中学一号楼会议室里人声鼎沸，高朋满座。这里正在举行广东省李秀媛名教师工作室揭牌暨开班活动仪式。教育局领导和林怀波校长高度重视，莅临指导开班、揭牌仪式。工作室成员、入室学员参加了本次活动。

自工作室成立一年多以来，在揭阳市教育局领导的高度重视及学校的大

力支持下，年轻充满活力的工作室全体教师团结协作，在主持人李秀媛老师的带领下，沐浴着新时代的春风，踏上新起点，走上新征程，一起为把工作室打造成"研究的平台、成长的阶梯、辐射的中心"而不懈努力。

（二）专家指引，发展素养

为了更好地帮助工作室入室学员学习英语教育领域的新知识、新理论和新方法，拓展优化专业知识结构，促进其教师专业发展，工作室自成立以来邀请了多位专家、一线教师前来做专题讲座，传授经验。

集中研修举办的讲座如下：市教育局教研室教研员林建庭老师为全体学员带来了题为"Rethinking the Teaching of Grammar and Vocabulary"的讲座。林老师首先举例介绍了英语课堂教学中存在的一些教与学环节严重脱钩的现象，接着提出了一些切实可行的解决方法，最后呼吁教师们要踏踏实实研读新课程标准的理念，勤思乐学，发扬创新精神，落实发展学生核心素养的任务。主持人李秀媛老师带来了《浅谈课题发现与论文撰写》讲座，主要从四个方面展开：①教育教学工作中的问题；②课题研究的内涵；③课题研究的过程；④研究论文的撰写。佛山市高明区教研主任钟明带来了《记叙文文体完形填空语篇理解与解题的"四条线索"》讲座。钟主任清晰的思路和智慧的方法使教师们能够在完形填空的教研教学路上少走弯路，取得事半功倍的效果。韩山师范学院张丽彩副教授带来了《英语学科核心素养视角下学生文化意识的培养》讲座，为学员们分析了语言、文化与教学的关系以及中学英语文化教学现状。韩山师范学院曾泽怀副教授带来了《核心素养与新时代的"四化"挑战》讲座，结合古今例子，让学员们分析哪些人更具有"核心素养"，对比"素养"与"素质"，"应试教育、素质教育与素养教育"之间的区别，使学员们更好地理解"核心素养"的本质。

钟明主任的讲座

曾泽怀副教授的讲座

张丽彩副教授的讲座

张副教授、曾副教授与工作室成员合影

（三）送教下乡，示范引领

　　送教下乡是名教师工作室入室学员跟岗研修活动的一项重要活动。2018年12月17日，工作室一行人员到榕城区仙桥中学开展送教下乡活动。本次送教活动共有两个环节。首先，由工作室主持人李秀媛老师为高二（1）班的学生们带来了一节生动有趣的示范课：选修三Unit 5 Poems中"Mind Map"（思维导图）在英语阅读中的运用。这节课主要引导学生通过课文找出关键词，再进一步画出思维导图，帮助学生更好地理解课文的脉络和内涵。其次，结对帮扶活动。根据工作室年度计划，主持人和入室学员每人至少与两名乡村中小学教师结成互助帮扶对子。课后，工作室成员与仙桥中学老师结对帮扶。在轻松和谐的气氛中，老师们就新教材的教学内容及如何开展期末复习进行了深入的研讨。学员们在面对面的交流学习中获得成长，提升了教育教学理念，实现资源共享，优势互补，发挥了工作室的示范辐射作用。

到仙桥中学开展送教下乡教研交流活动

（四）外出研修，协同共进

2019年6月18—20日，广东省李秀媛名教师工作室赴梅州中学开展研修活动。主要活动内容是：主持人李秀媛老师做了题为《赴美研修考察报告》的讲座；工作室的学员们分年级与梅州中学的老师们进行交流互动，探讨教学问题；观摩梅州中学高一级刘老师的一节语法课；参观广东省陈永红名教师工作室，认真聆听陈老师关于工作室建设、发展的宝贵经验。

梅州中学研修活动

　　2019年11月27—30日，广东省李秀媛名教师工作室全体成员走进江西省南昌市金太阳教育集团，进行了一次别开生面的研修活动。该集团公司优秀的企业文化、开拓进取的事业精神，让教师们对自己的教学有了一番新的思考：该如何更有效地教，才能让学生更有效地学。聆听了马新德主任的专题讲座《跳出考试，看考试》。马主任站在高考的高度，从备考一、二、三轮的视角，以各题型的设题精神和解题要领，带领教师们领略了高考的"庐山真面目"。另有专题讨论、高考热点话题交流等其他活动。

江西南昌研修活动

（五）课题论证，实践磨砺

为了提升工作室学员对课题研究的认识及提高教师的教研能力，2018年12月20日下午，工作室特邀揭阳市教研室黄锐辉副主任和市英语教研员林建庭两位专家参加了工作室题为"核心素养下提升高中英语课堂教学有效性研究"的论证会。黄主任在课题研究方面经验丰富，有独到见解。他从课题的研究重点、课题界定、理论依据等方面提出了很多可行性意见和建议。林建庭老师认为该课题背景研究梳理到位、研究目标清晰、研究有实际意义，也有一定的研究价值。他期望课题组成员能够通力合作，认真落实解决存在的问题，进一步完善课题方案，扎扎实实开展好课题研究工作。两位专家都期盼课题研究有更多成果出现。

"核心素养下提升高中英语课堂教学有效性研究"论证会

2019年8月29日下午，广东省李秀媛名教师工作室专项研究课题"核心素养下提升高中英语课堂教学有效性研究"（课题立项编号：yjyzx2019015）开题报告会在揭阳第二中学如期举行。本次活动邀请参加的评议专家有市教育局教研室黄锐辉副主任、市教育局英语教研员林建庭老师、揭阳第二中学江利辉副校长，参与人员有林幼芳主任，工作室所有成员及部分学校教师。

报告会后，工作室召开课题专门会议，落实课题研究工作，交流个人研究经验。

"核心素养下提升高中英语课堂教学有效性研究"开题报告会

三、成员培养情况及成效

教学研讨促成长：一年多来，每个学员每年至少讲两节公开课。通过磨课、听评课、撰写教学反思等活动，学员的课堂教学水平有了一定的提高，逐步凝练出了自己独特的教学风格。

工作室成员交流学习心得

外出研修拓眼界：工作室尽量为学员争取外出学习的机会。工作室的大多数成员参加"2018年揭阳市中小学（高中）英语骨干教师培训班"；部分成员参加广东省番禺中学教学开放日听课评课活动；学员代表参加2019年全国名师联盟年会；参加第三届粤东教育信息化论坛等活动。

读书反思修心性：为提高学员专业素养，工作室特地为他们列出读书清单，督促他们按时写读书笔记、分享学习心得。

工作室部分图书

四、理论研究及实践成果

这一年多来，工作室全体成员积极学习、认真研究、不断创新，且成果喜人：黄暖媛、黄晓英两位老师在第三届"英语周报杯"英语读写能力提升行动中同时获指导教师二等奖，并被评为揭阳市第四届"和教育-口语易杯"中小学生英语口语大赛决赛优秀指导教师；黄晓英老师在揭阳第二中学专题研究课评比中获二等奖；林玲玲、黄晓英两位老师的课例被评为全国名教师工作室联盟优秀课例一等奖；黄少坤老师获揭阳市揭东区优秀教师、高考优秀评卷员、揭阳市揭东区兼职教研员（高中英语中心组组长）；黄海林老师的《高考写作备考策略》获普宁市高中课堂教学能力大赛二等奖；詹彩老师被学校评为优秀班主任、最具激情教师；杨锐鸿老师所带班级被评为"揭阳市先进班集体"，她被学校评为"优秀班主任""先进德育工作者"，她的教学设计"Module 5 Unit 5 First Aid"荣获县级一等奖，教学论文《基于英语核心素养培养的农村高中英语词汇教学策略探析》《高中英语教学中英语思维培养探析》同获县级三等奖；许晓红老师被学校评为"五星教师"；游锐辉老师被评为区优秀教师。

工作室部分成员获得的荣誉

工作室主持人专项研究课题"核心素养下提升高中英语课堂教学有效性研究"已获立项，成员均参与；成员黄暖媛主持，黄晓英、林玲玲参与的市级课题"初探Mind Map在阅读教学中的运用"的研究正在进行中，现已取得阶段性成果；黄少坤主持的市级课题"基于核心素养下学科教学与德育内容有机融合研究"即将结题，区级课题"头脑风暴在高中英语课堂教学中的有效性研究"已顺利结题；杨锐鸿主持的市级课题"农村高中英语词汇教学校本课程资源的开发和利用研究"已顺利结题；黄海林主持的市级课题"核心英语语法思维导图在高中英语教学中的应用探究"，参与的市级课题"多层面教师梯度培养与提高"均在研究中。

韩 山 师 范 学 院

2019 年广东省名教师名校长（园长）工作室主持人
专项研究课题立项通知书

李秀媛老师：

　　根据《广东省教育厅关于广东省名教师名校长（园长）工作室建设指南》，您申报的《核心素养下提升高中英语课堂教学有效性研究》课题已获准立项，课题立项编号为：yjyzx2019015，研究期限为3年。请按照课题实施方案认真开展研究，确保按时顺利完成课题研究工作。

韩山师范学院广东省中小学教师发展中心
二〇一九年五月十七日

揭阳市揭东区教育局

揭东区 2017 年度教育科研

区级课题立项证书

　　黄少坤老师，经评审决定，你主持的课题《头脑风暴在高中英语课堂教学中的有效性探究》（编号 2017019）为揭东区 2017 年度区级教育科研课题。

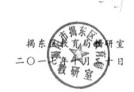

揭东区教育局教研室

二〇一七年十一月三十日

揭阳市中小学名班主任工作室专项研究课题

立 项 证 书

揭东区第一中学黄少坤同志

　　经评审，批准您申报的揭阳市中小学名班主任工作室第二专项研究课题立项。

课题名称：基于核心素养下学科教学与德育内容有机融合研究

课题批准号：JYMBZR18008

课题主持人：黄少坤

研究时间：2018年7月-2020年1月

课题成员：洪思琪、黄冬晓、杨银凤、蔡贤波、张佳娜、林家荣、姚莲君、徐晓红
　　　　　林秋鹏、林杜鑫、蔡维哲、陈　苗、王洋平、余　琳

揭阳市教育局思想政治教育科　　揭阳市教育局教育科学研究

2018年6月

揭阳市教育科学"十三五"规划
2017年度课题立项通知书

杨锐鸿老师：

　　你申报的课题已被批准为揭阳市教育科学"十三五"规划2017年度课题。

课题名称：农村高中英语词汇教学校本课程资源的开发和利用研究

课题编号：2017JYJKYB035

所在单位：揭西县棉湖第二中学

联系单位：揭阳市教育局教育科学研究室

揭阳市教育局教育科学研究室
2017年6月10日

工作室成员部分课题立项

　　2020年，新年伊始，疫情突发，这牵动着每一个中国民众的心。在疫情的阴霾还未消散，本应开启的新学期一再延迟的特殊时刻，教育部号召"停课不停学"。为了进一步贯彻落实省教育厅精神，本工作室积极响应，主动出击，发挥自身的辐射带动作用，不断更新网上教学模式，通过部分学员、成员的努力，为广大学生提供优质资源，坚定地走在路上，坚持在专业领域发光发热！在主持人的组织和带领下，工作室有计划地引导学员、成员做好微课的开发和整合。为了真正落实好"停课不停学"的要求，工作室号召全体学员、成员参与到网络教学资源的共享与整理工作中，并对大部分前期的微课视频提出了修改要求，并通过公众平台陆续推出相关资源。这样做，一是为了让广大学生能够接触到更优质的学习资源，更好地利用学习时间；二是丰富并充实工作室线上线下的综合教学资源，提升教学资源的层次与广度；三是鼓励学员提高信息技术水平，以便更高效地服务于自身的教育教学。

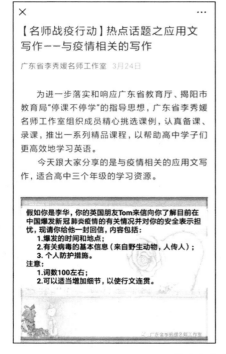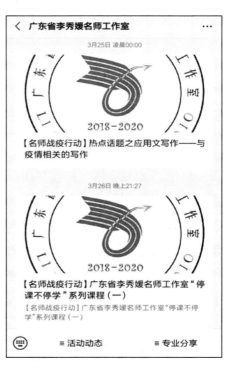

通过公众平台推送资源

　　学习与研究、传承与发展、辐射与引领，是我们工作室成长的旋律。行百里路者半九十，在接下来的岁月里，我们将继续以学习和研究的姿态投入工作中，心在云上，路在脚下，以君为友，与有荣焉。学无止境，我们永远在路上！

部分学员对工作室的评价

为了名教师工作室能够更好地持续发展，我们组织了最后一次线上互动活动。让我们一起来听听学员们的心声吧！

学员杨锐鸿：加入李秀媛名教师工作室两年多以来，我收获了很多，成长了很多。我感受到了李老师的名师魅力，感受到了工作室学员们孜孜以求的探究精神，感受到了集体活动带来的辛苦与快乐。工作室是一个团结合作，乐于学习和奉献的团队。在李老师的带领下，我们参加了丰富多彩的活动，研读教研专著，聆听专家讲座，上课磨课，送课下乡，课题培训，外出观摩，等等。每一次活动都为我的教学注入了新的活力，给了我新的思想，新的启发。感谢名教师工作室这个平台，感谢李秀媛等老师不辞辛苦地付出！

学员黄晓英：三年来，工作室为全体学员提供了丰富多彩的跟岗和外出学习活动，为我们提供了一次次难得的学习、思考的机会，交流沟通的机会，提升自己的机会。每次活动，工作室都采用理论与实践相结合的研修方法，采用案例式、情景式、讨论式等灵活多样的方式，为我们组织专题讲座、课堂教学观摩、高中英语教学座谈等教学活动。专家的讲座启迪了我们的教育教学智慧，更新了我们的教育教学理念。同行之间互相听课、评课、磨课，我们在交流中学习，在合作中进步。感谢工作室为我们提供了一个学习的好平台！

学员黄少坤：首先，工作室的主持人运筹帷幄，善于有计划、有步骤、有方法地带领我们开展各种集训研修，促进我们的专业化成长，让我们在岗位上工作得更有成效，发挥了省名教师工作室应有的带动作用。其次，工作室精于集八方之力，请进专家精英来指导建设与发展工作。专家的传经送宝让我们懂得时刻保持研究的姿态投入工作中，砥砺前行，合力发挥工作室的辐射作用。最后，工作室重视人文关怀，各位同人声气相求，以人为本，扬师德；以师为友，铸师魂。

学员许晓红：李秀媛名教师工作室犹如一盏明灯，指引我们在教育教学路上沿着正确、前沿和科研的方向前进。工作室具有前沿的理念、务实的规划、切实的训练和严格的要求。基于教学实践，工作室定期开展教学科研活动，以激发成员的科研热情，培养成员敢于探索、实践的精神。例如，借班上课，考量成员的教学智慧，同时，通过听评课活动提倡好课"既在课上也在课外，平时功夫尤其重要"，督促成员重视深入学习、多层次学习。工作室多次开展的专业讲座和外出学习提升了我们的专业素养，也让我们明确了新高考的方向。而送课下乡、疫情期间的录播课，让成员深刻体会了"教育之情"，引领我们乐于奉献，甘为孺子牛。主持人李老师更是我们学习的楷模。她为我们开示范课、专业讲座，带领我们进行课题研究，务实严谨地开展工作室工作，给她点赞！

学员詹彩：广东省李秀媛名教师工作室积极搭建教育教学研究平台，引领工作室的成员提高专业素养、教育教学水平和科研能力，促进成员们的专业发展与自我完善。

（1）工作室的主持人有目的、有计划、有重点地带领我们开展各种集训研修，通过理论指导、跟岗、外出培训、名师讲坛等活动，提高学员们的理论素养、信息视野和文化底蕴，发挥了省名教师工作室应有的带动作用。

（2）工作室以课题研究为抓手，研究并着力解决教育教学中的难点与热点问题，切实提高高中英语教学课堂效益，充分发挥工作室在学科改革、教育科研等方面的示范、引领、指导作用。

（3）工作室以网站为载体，利用公众号、微信群、朋友圈等，积极宣传、总结、传承、推广先进的管理思想、教育教学思想以及工作室的教育科研成果。

第二章

课题研究

"核心素养下提升高中英语课堂教学有效性研究"开题报告

一、选题的背景

　　学科核心素养是学科育人价值的集中体现，是学生通过学科学习而逐步形成的正确价值观念、必备品格和关键能力。基于课程的总目标，普通高中英语课程的具体目标是培养和发展学生在接受高中英语教育后应具备的语言能力、思维品质、文化意识、学习能力等学科核心素养。这进一步说明了在课堂教学中有效地帮助学生学习、理解和鉴赏中外优秀文化，培育中国情怀，坚定文化自信，拓展国际视野，增进国际理解，逐步提升跨文化沟通能力、思辨能力、学习能力和创新能力，形成正确的世界观、人生观和价值观的必要性与重要性。揭阳市属于经济欠发达地区，学生的英语学习能力仍有很大的提升空间。为适应新课标、新高考，迫切需要高中英语教师对如何提升课堂教学的效度进行深入的研究。

二、本课题研究目标、研究内容

（一）研究目标

　　1. 引导高中生树立正确的英语学习观，保持对英语学习的兴趣，明确学习目标，能够多渠道获取英语学习资源，有效规划学习时间和学习任务，选择恰当的策略与方法，监控、评价、反思和调整自己的学习内容与学习进程，逐步提高使用英语学习其他学科知识的意识和能力。

　　2. 核心素养下的英语课堂教学，依据英语语言能力的目标，创设各种任务，通过着力强化学生的语言意识和语感，培养学生在不断的探索中提高学习能力和创新能力。

3. 根据信息化环境下英语学习的特点，组织和开展线上线下混合式教学，丰富课程资源，拓展学习渠道。引导高中生进行个性化学习和自主学习，提高学生的理解力、记忆力、问题解决能力及评价能力，提高学生的学习成绩。

4. 充分利用学校的网络资源、教学设施设备，通过课题研究，提升教师的课堂教学素养，建立学校教学资源库。

（二）研究内容

本课题具体从以下几个方面进行研究。

核心素养下Mind Map在高中英语阅读教学中的运用研究。

核心素养下Mind Map在英语语法教学中的运用研究。

核心素养下提升高中英语应用文写作教学有效性研究。

实现英语学科核心素养的课程目标，必须构建与其一致的课程内容和教学方式。基于对本学科课程标准的国际比较以及对学科前沿理论的梳理，针对英语教学存在的教学内容碎片化现象和为考试而教等突出问题，新课程标准提出了由主题语境、语篇类型、语言知识、文化知识、语言技能和学习策略六要素构成的课程内容以及英语学习活动观。英语学习活动是英语课堂教学的基本组织形式，是落实课程目标的主要途径。在课堂教学的过程中，如何有机整合课程内容，设计学习活动，从而实现目标、内容和方法的融合统一，是本课题研究的重点。课程内容的六个要素是一个相互关联的有机整体。六要素整合的英语学习活动观是指学生在主题意义引领下，通过学习理解、应用实践、迁移创新等一系列有综合性、关联性和实践性等特点的英语学习活动，使学生基于已有的知识，依托不同类型的语篇，在分析问题和解决问题的过程中，促进自身语言知识学习、语言技能发展、文化内涵理解、多元思维发展、价值取向判断和学习策略运用。这一过程既是语言知识与语言技能整合发展的过程，也是思维品质不断提升、文化意识不断增强、学习能力不断提高的过程。高中英语教师如何设计相关的课堂活动，提高学生学习的效度以适应新课程的要求，是当前众多一线英语教师所面临的急需解决的难题。

三、本课题拟采取研究思路与研究方法

（一）研究思路

本课题主要在信息化环境下，在现代教育理论指导下，通过现代学科教学理论和现代信息技术与学科课堂教学的整合，对发展学生的核心素养，培养学生的学习兴趣，提高学生自主学习的能力，多渠道提高学生学习能力发展进行研究，并通过追踪学生成绩、参加比赛、前后测等方式检验实验的效果。

（二）研究方法

本课题研究拟采用行动研究法，把研究内容转化为教师的教学行为和学生的学习行为，在开展研究的过程中逐步落实，并根据实际情况进行相应调整、修改及补充。具体方法如下。

文献研究法：通过书本或网络检索，收集与本课题相关的理论学习材料，为课题研究提供理论支撑。

行动研究法：运用行动研究法来研究教师在实验活动中的作用及教师综合文化素养提升的情况。

案例分析法：通过分析实验过程中的典型案例，对具体学生进行个案分析，积累实验的素材经验，提高研究层次。

调查分析法：通过与学生面谈、问卷调查等方式调查实验效果。

四、课题分工

课题组成员黄暖媛、林玲玲负责数据分析；黄晓英、詹彩、杨锐鸿、游锐辉负责实验研究及资料整理；郑磊、黄少坤、黄海林、许晓红负责论文撰写。

五、本课题主要特色及创新之处

本课题尝试在学科核心素养指导下对高中生英语学习能力发展进行探究，整合了学科核心素养和学科教学过程，把核心素养渗透到英语课堂教学

的各个环节，细化到将核心素养运用在提高高中生的学习微技能方面，以培养学生自主学习、问题解决、合作交流、创新实践的能力和良好习惯，发展学生的兴趣和特长，提高人才培养质量，使其符合当前高中生发展的需求，符合人才培养的需求。同时，建设优质数字化教学资源库，实现共建共享，促进学校课堂教学向信息时代转型。

本课题符合国家、省中长期教育改革和发展规划纲要的要求，符合《基础教育课程改革纲要（试行）》提出的新时代信息社会发展的要求，以及以人为本的素质教育的理念，在教学实践过程中，重视以学科大概念为核心，促进学科素养的落实，促进高中生进行个性化学习和自主学习，提高高中生理解力、记忆力、问题解决能力及评价能力，开阔视野，提高高中生的综合素质，为学生的终身发展奠定扎实的基础。本课题具有一定的实践应用价值。

六、本课题预期的研究进展及研究成果

（一）本课题研究时间为2018年11月至2021年6月，分三个阶段进行

第一阶段：准备阶段（2018年11月—2019年5月）

（1）成立课题研究小组，确定研究方向与目标，制订研究方案，填写课题申报评审书，积极申报课题。

（2）组织课题组成员加强学习相关核心素养教学理论和普通英语新课程标准，撰写读书心得，更新教学观念。

（3）确定研究的班级，对实验学生进行调研和问卷，了解他们英语课堂的学习情况，制订子课题的研究方案，制订实验计划。

第二阶段：实施阶段（2019年6月—2020年6月）

各子课题组围绕研究目的与研究内容开展研究活动。

（1）各教师根据研究方案，结合教材内容，利用学校和家庭的网络系统，创设学习网页、录制微课、制作课件，进行教学实验。

（2）建立学科教学资源库，收集资料包括课件、学生创作成果、教学视频、试题等。

（3）收集研究资料，进行归类分析，并适时对研究方案进行修正。

（4）课题组的教师要开设研讨课、整理阶段性成果，完成课题中期报告。

第三阶段：总结阶段（2020年7月—2021年6月）

（1）整理课题研究资料，分析数据、总结经验，完成课题研究报告，同时汇编优秀案例、反思和研究论文，进行理论总结与阐述。

（2）建立学校教学资源库。

（3）进行课题总结、结题和汇报活动。

（二）预期成果

完成课题研究报告，并开设能够展示该课题研究成果的优秀课例，整理优质教学资源。整理形成 "以校本资源和原创性资源为主" 的数字化教学资源，形成《核心素养下提升高中英语课堂教学教案集》《核心素养下提升高中英语课堂教学课堂反思集》《核心素养下提升高中英语课堂教学论文集》《核心素养下提升高中英语课堂教学学生活动集》。

"核心素养下提升高中英语课堂教学有效性研究"结题报告

一、导论

（一）课题研究背景与概念界定

学科核心素养是学科育人价值的集中体现，是学生通过学科学习而逐步形成的正确价值观念、必备品格和关键能力。基于课程的总目标，普通高中英语课程的具体目标是培养和发展学生在接受高中英语教育后应具备的语言能力、思维品质、文化意识、学习能力等学科核心素养。这进一步说明了在课堂教学中有效地帮助学生学习、理解和鉴赏中外优秀文化，培育中国情怀，坚定文化自信，拓展国际视野，增进国际理解，逐步提升跨文化沟通能力、思辨能力、学习能力和创新能力，形成正确的世界观、人生观和价值观的必要性与重要性。揭阳市属于经济欠发达地区，学生的英语学习能力仍有很大的提升空间，为适应新课标、新高考，迫切需要高中英语教师对如何提升课堂教学的效度进行深入的研究。

本课题的题目是：核心素养下提升高中英语课堂教学有效性研究。研究对象的总体界定为"高中英语课堂教学"，教学对象为"普通高中学生"。核心素养指的是英语学科的核心素养，包括语言能力、思维品质、文化意识和学习能力四个维度。语言能力就是用语言做事的能力，涉及语言知识、语言意识和语感、语言技能、交际策略等。思维品质是思考辨析能力，包括分析、推理、判断、理性表达、用英语进行多元思维等活动。文化意识重点在于理解各国文化内涵、比较异同、汲取精华、尊重差异等方面。学习能力主

51

要包括元认知策略、认知策略、交际策略和情感策略。核心素养下的英语课堂教学，依据英语语言能力的目标，创设各种任务，通过着力强化学生的语言意识和语感，培养学生在不断探索中提高学习能力和创新能力。本课题旨在引导高中生树立正确的英语学习观，保持对英语学习的兴趣，明确学习目标，能够多渠道获取英语学习资源，有效规划学习时间和学习任务，选择恰当的策略与方法，监控、评价、反思和调整自己的学习内容与学习进程，逐步提高使用英语学习其他学科知识的意识和能力。根据信息化环境下英语学习的特点，教师组织和开展线上线下混合式教学，丰富课程资源，拓展学习渠道，充分利用学校的网络资源、教学设施设备，通过课题研究，提升教师的课堂教学素养，建立学校教学资源库，最终引导高中生进行个性化学习和自主学习，提高学生的理解力、记忆力、问题解决能力及评价能力，提高学生的学习成绩。

（二）课题研究意义

随着教育事业的发展，国家教育越来越重视学生核心素养的培养和发展，这也是基于学生终身发展的考虑。英语学科核心素养要求在教学中除了教授学科知识，更要培养学生的英语学科思维。实现英语学科核心素养的课程目标，必须构建与其一致的课程内容和教学方式。基于对本学科课程标准的国际比较以及对学科前沿理论的梳理，针对英语教学存在的教学内容碎片化现象和为考试而教等突出问题，新课程标准提出了由主题语境、语篇类型、语言知识、文化知识、语言技能和学习策略六要素构成的课程内容以及英语学习活动观。英语学习活动是英语课堂教学的基本组织形式，是落实课程目标的主要途径。在课堂教学的过程中，如何有机整合课程内容，设计学习活动，从而实现目标、内容和方法的融合统一，是本课题研究的重点。课程内容的六个要素是一个相互关联的有机整体。六要素整合的英语学习活动观是指学生在主题意义引领下，通过学习理解、应用实践、迁移创新等一系列体现综合性、关联性和实践性等特点的英语学习活动，使学生基于已有的知识，依托不同类型的语篇，在分析问题和解决问题的过程中，促进自身语言知识学习、语言技能发展、文化内涵理解、多元思维发展、价值取向判断和学习策略运用。这一过程既是语言知识与语言技能整合发展的过程，也是思维品质不断提升、文化意识不断增强、学习能力不断提高的过程。高中英语教师如何设计相关的课堂活动，提高学生学习的效度以适应新课程的要求，是当前众多一线英语教师所面临的急需解决的难题。

本课题研究将研究成果反映到课堂教学中，通过实践探索解决语言学习中的问题，通过问题研究源头，通过源头反作用于实践，通过实践完善理论。深入了解和分析学生在课堂教学中遇到的问题和困惑，再进行有针对性的教学，可以极大地提高教学实效。

从提升教师教育技术能力来看，教师通过多渠道地发掘和设计各种形式的高中英语课堂，探索更多可以提升高中英语课堂教学的方法，改进学生的学习方式，提升高中英语教学的效率，也有利于自身教学能力的提升。同时可以颠覆传统的课堂教学模式，落实新课程理念，并形成鲜活生动的案例，提高英语教学水平和质量。

二、研究思路与方法

（一）研究思路

本课题主要在信息化环境下，在现代教育理论指导下，应用现代学科教学理论和现代信息技术与学科课堂教学的整合，对发展学生的核心素养，培养学生的学习兴趣，提高学生自主学习的能力，多渠道提高学生学习能力发展进行研究，并通过追踪学生成绩、参加比赛、前后测等方式检验实验的效果。研究思路遵循"概念界定—现状评估分析—实验论证并检测—探寻设计有机融合途径"的步骤，采取整个研究过程从实践中来，又反作用于实践的模式，真正发挥课题研究的价值。

1. 理论学习　概念界定

在本研究课题中，涉及的相关概念包含了"核心素养"和"课堂教学"两个概念，研究首要阶段是对二者进行界定，重点在于寻找二者的有机融合。本研究通过文献检索将二者在已有研究成果中显示的交叉的部分做了交叉内容初步界定。

2. 现状评估　融合分析

本研究在以上的理论奠定和前期调研的基础上，结合常规的教学积累和经历对目前两者融合现状进行评估与分析，总结存在的问题，并有效地摸索两者有机融合后改进的方向。

3. 实验论证　成果检测

本研究的中、后期阶段，将研究中创设的新课堂教学设计进行实验教学，用实验班和对照班的模式进行对照评估，开展检测性的评价性活动，对研究的成果进行检测、评估、完善。

4. 有机融合　设计途径

结合实验的分析，从教学和教育的相关概念与我国当下的高考教育改革方向出发，对实验反馈出来的具体问题进行深刻的剖解分析，并结合理论进行有机融合的课堂再设计。

（二）研究方法

基于以上的研究思路，本课题研究活动涉及以下研究方法。

本课题研究拟采用行动研究法，把研究内容转化为教师的教学行为和学生的学习行为，在开展研究的过程中逐步落实，并根据实际情况进行相应调整、修改及补充。具体方法如下。

1. 文献研究法

通过书本或网络检索，收集与本课题相关的理论学习材料，为课题研究提供理论支撑。

2. 行动研究法

运用行动研究法来研究教师在实验活动中的作用及教师综合文化素养提升的情况。

3. 案例分析法

通过分析实验过程中的典型案例，对具体学生进行个案分析，积累实验的素材经验，提高研究层次。

4. 调查分析法

通过与学生实地面谈、问卷调查等方式调查实验效果。

三、研究内容与成果

（一）理论学习

在总课题的规范和指导下，各研究人员进行自主有效的理论学习和积累。通过网络学习，借助知网和百度文献，对国内外比较前沿的相关理论进行有效的搜索和学习。通过个人学习提高研究者的理论视野和知识储备，让整个研究过程在科学理论的指导下有规律地发展。

（二）现状评估

1. 虽然在整个课题研究期间，所有成员教师都认真付出，通力合作，取得了一定的成绩。但是，我们深觉理论知识学习不够，还无法从一般的教学行为中深刻地感悟和归纳出高中英语课堂教学的有效课堂模式。

2. 研究人员来自不同地区，不同学校的教师因教学工作繁忙，任务繁重，压力巨大，无法经常地一同外出学习，汲取养分，扩大视野。希望以后能有更多机会"走出去"，提高自身的素养和能力，更好地进行科学研究和教育教学，认真反思，坚持课题研究，争取取得质的进步。

3. 由于现实的困难，加上时间不足的困扰，也有一些学生不是很乐意配合我们的研究工作，这给我们的工作带来了一定的影响。本课题需要一个长时间的运用才能看到成效，在实际研究中，进行的时间过短，我们无法全面、大规模地进行实验。比较难找到起点完全一致的两个班级作为参照，课题的实效难以在短时间内体现。

面对如此现状，在核心素养的指导下探究高中英语课堂教学有效性研究便显得很有意义，对现实有着很大的指导性作用。

（三）设计途径

根据实验的结果，在新课程标准和高考改革的精神指导下，根据日常的教学经验和实际，进行深刻的思考和剖析，将各种有效的教学方法进行有机融合，重新设计出能够发展学生核心素养、有利于提高学生各项素质的高中英语新课堂。

1. 发挥学科德育渗透

在高中英语教学中，教师通过抓住教育的契机，适当进行学科德育渗透，不仅能有效地反作用于学科教学，让冰冷的知识学习变得有温度，让枯燥的学科课堂变得有温情，还能营造和谐的人际关系，提高教育效率。

2. 头脑风暴激发兴趣

在研究中，我们把头脑风暴教学法融入平时的课堂，调动了学生的学习积极性和主动性，这恰恰是培养学生思维品质的前提。

同时，根据各学校的实际情况进行课堂再设计的融汇与变通，以达到因材施教、实事求是的辩证效果。以英语学科核心素养为思路导向的高中英语课堂教学，引导学生更多地关注现实生活和身边的时事，并通过观察社会、体验生活、探究问题等积极主动的学习方法优化学习方式，形成有效的学习策略，提高自主学习的能力，最终实现核心素养的提高。

通过课题的周期研究，各位成员认真学习理论，不懈地坚持实践，及时进行反思，取得了研究成果。

在相关理论的指导下，从符合各个研究个体学校的实际情况出发，我们有效地进行了课堂再设计。

1.课题组成员进行与课题相关的教学设计、课件制作等，其中包括如下。

黄暖媛：教学设计《Module8 Unit2复习课教学设计》

林玲玲：教学课例《Unit 4 Natural Disasters阅读课教学课例》

黄晓英：教学课例《Sightseeing in London阅读课教学课例》

黄少坤：教学课例《推荐信教学课例》

黄少坤：教学设计《头脑风暴在应用文写作中的运用》

詹　彩：教学设计《高中英语应用文之建议信教学设计》

詹　彩：教学设计《高中英语应用文之邀请信教学设计》

游锐辉：教学设计《高中英语应用文之感谢信教学设计》

游锐辉：教学设计《英语应用文写作书面通知》

许晓红：教学设计《高中英语应用文之申请信教学设计》

许晓红：教学设计《高中英语应用文之感谢信教学设计》

2.课题组成员同时撰写了相关的论文。其中，黄海林老师撰写的《高中语法体系构建》获得2019年普宁市优秀论文二等奖；教学设计"A Taste of English Humor Warming up"、教学设计"Computerized Listening and Oral"以及《核心英语语法思维导图的构建在高中英语教学的应用》成果都获得2020年全国名教师工作室联盟举行的第三届全国名教师工作室创新发展成果博览会一等奖。

3.教师教学专业素质得到一定提高。课题组成员的教学从传统语法教学模式变为利用思维导图进行教学，不仅提高了教学效率，也使课堂变得更为有趣、形象生动。学生对英语语法的学习兴趣和成绩有所提高。在阅读课堂中，逐步精细设计，针对不同课文的特点，把思维导图运用到不同的阅读步骤中，初步形成了具体的思维导图阅读课型，具体包括以下四种课型：利用思维导图指导阅读课预习（让学生提前预习阅读课内容并总结，以思维导图的模式上交）；利用思维导图指导读中训练；利用思维导图检查读后对文章掌握情况；利用思维导图指导读后续写。目前，对于这四种课型都有了具体的尝试，也得到了学生较好的回应与成效。随着课题研究的深入，在不断的实践与反思中，我们对研究过程中出现的问题进行了反复的思考，对课堂的有效性教学进行了不懈的研究，并对研究成果以文字的形式进行记录，以更好地提高研究者自身的意识形态和教育理念，更有效地指导日常的教学教育实际，也希望为以后的相关领域研究提供一定的借鉴参考。在结集的论文中，有黄少坤老师的《头脑风暴在应用文写作课中的有效性探究》、许晓红老师的《以建议信为例浅析思维导图辅助下的高中英语应用文写作教学》、游锐辉老师的《核心素养下提升高中英语应用文写作教学策略探究》、詹彩老师的《浅谈微课在高中英语应用文写作教学中的应用》。

四、总结与建议

本研究在完成了理论学习、现状评估之后，进行了课堂设计研究，并且形成了相关的课堂总结和反思。一是设计多样课堂环节和模式，让学生在英语课堂上发挥主观能动性；二是创设丰富的课堂教学情境，让头脑风暴成为课堂上学生整合信息、捕捉灵感的途径；三是设计系列问题形成理想思维培养向导，推动学生核心素养发展。

以下将针对本次研究进程进行总结并提出相关研究建议。

（一）关于研究总结

1. 恰到好处地进行学科德育渗透

习近平指出，把青年一代培养造就成德智体美劳全面发展的社会主义建设者和接班人，其中"德"是首要问题。在发展素质教育的新时代，我们既要培养学生的学习发展能力，更要关注学生的全面健康成长。作为教育工作者，教书育人是我们的根本任务；作为学科教师，学科德育是教书育人的本质体现。学科课堂是素质教育的主阵地，学科德育是发展核心素养的主要渠道。因此，我们要不折不扣地把学科教学与德育渗透的有机融合落到实处。

2. 行而有效地发挥激发原理作用

学生是教学活动中的学习者，其主观能动性的发挥决定了教学活动是否取得效果。因此在教学中，教师要最大限度地激发学生参与课堂的激情和学习的兴趣。兴趣是最好的老师，有兴趣作为导向，学习自然不会枯燥无味。教师要在新课程标准的指导下完成教学任务，这是教师在课堂教学中的主要任务。在完成这个任务的时候，教师观念得当、措施准确、方法有效的话，就能快速又有效地激发学生学习的动机。

头脑风暴可以有效地激活学生已有的相关背景知识和经验，引导学生针对一个话题或者一种现象进行思考，在听取别人观点的同时，将已有的知识融入新的知识，进行新的知识框架建构，进而积极地探索问题，有效地解决问题。

3. 不折不扣地彰显学生主体地位

在进行课题研究时，我们以"教师为主导、学生为主体"为高中英语课堂教学上的新导向，不断地实践、及时地思考、有效地总结。教师的教是外因，学生的学是内因，外因通过内因才起作用。学生是学习认识活动的主人，是学习的主体。在整个教学过程中，无论是知识经验的获得，还是智力、能力的发展，教师都既无法代替学生读书，也无法代替学生分析思考；既不能把知识生硬地灌输到学生的头脑里，也不能把思想观点移植到学生的头脑中。以学生为主体就要让学生动起来，由学会到会学。所以，首先，得让学生自己提出问题。过去的语文课常常是学生被教师的一连串问题牵来扯去，完全失去学习的主动性。"学起于思，思源于疑。"思维常常由疑问开始。课堂上从提出问题到分析问题到解决问题是训练学生思维的重要手段和过程。其次，要让学生自己解决问题。要把学生作为学习的主动探索者，关键还在于提出问题后，引导学生自己解决问题。这就需要教师多给学生自学的时间，让学生充分动口、动眼、动脑、动手，教师适时设疑激趣，把学生的思维引向积极状态。

（二）关于研究建议

本研究虽然较好地提高了课题组成员老师们的意识，让老师们在日常教学中提高了课堂的有效性，发展学生的核心素养。但是，核心素养是多层次、多方位的全面发展人才素养要求。因而，课题的未来研究仍然具有较大的可行性和未知性。

1. 关注师生的德育素养积累途径研究

在本课题的现状研究过程中，我们针对师生现有的德育素养学习和积累情况进行了群体的了解与调查。从实践中可以看到学生的德育知识来源比课堂教学的范畴要更宽、更广。因此，学生群体的德育素养积累途径具有一定的研究价值，它可以为后续的课程开发研究做足了详细的前期信息积累。

2. 关注学科德育渗透的具体课例开发研究

在研究过程中，研究成员发现目前关于高中英语教学的课堂组织形式新颖、教学效果明显、课堂评价方式得当的现行可参考的课例相对比较缺乏，这给我们的教学实践带来许多不便。因而，我们拟借助本课题研究，在条件允许的情况下，进行研究理论的推广与二次研究工作。

第三章

教学实践

语法课——主谓一致

教师	李秀媛	科目	英语	上课时间	2009年5月6日
教学内容					

教学内容	Module 4 Unit 1 Women of achievement The third period—Structures: Subject-Verb Agreement
教学目标	知识与能力	Teach Students how to use subject-verb agreement correctly
	过程与方法	Let students do the exercises, and then collect their answers. Ask them to conclude the rules and then give them some explanation
	情感态度与价值观	1.To train the students' ability of summarizing 2.To train the students' ability to cooperate with others
教学重点	Subject-Verb Agreement
教学难点	Enable students to use collective nouns correctly, by understanding their meanings in certain situations
教学程序	教师指导与学生活动
Step 1 Lead-in	1.Greetings 2.Practice: Choose the correct verb form. Do you know what they have in common? I am/are seventeen. She is/are sixteen. There is/are a desk in the room. There is/are no chairs in it. John gets/get up at six o'clock every morning. They has/have not come yet. What is/are the latest news about the Olympic Games? Then summarize that we should use correct verb forms for subjects

教学程序	教师指导与学生活动
Step 2 Discovering the rules	1.Show the answers to the short passage on the screen. 2.Get the students to work in groups to summarize the rules of Subject-Verb Agreement. List some other words or phrases that can be used in the same way and give examples. 3.Students report to the whole class and the teacher gives them some explanation. **语法详解：** 主谓一致是指主语和谓语动词之间，即主语的人称和单复数形式决定着谓语动词对应的形式。 （1）语法形式上要一致，即单复数形式与谓语要一致。 （2）意义上要一致，即主语意义上的单复数要与谓语的单复数形式一致。 （3）就近原则，即谓语动词的单复数形式取决于最靠近它的词语，一般来说，不可数名词用动词单数，可数名词用动词复数。 There is much water in the thermos. 但当不可数名词前有表示数量的复数名词时，谓语动词用复数形式。 Ten thousand tons of coal were produced last year. **1. 并列结构作主语时谓语用复数** Reading and writing are very important. **注意：**当主语由and连接时，如果它表示一个单一的概念，即指同一人或同一物时，谓语动词用单数，and此时连接的两个词前只有一个冠词。 The iron and steel industry is very important to our life. 例题：The League secretary and monitor ＿＿ asked to make a speech at the meeting. A. is　　　B. was　　　C. are　　　D. were **答案：**B 解析：先从时态上考虑。这是过去发生的事情应用过去时，先排除A、C。本题易误选D，因为The League secretary and monitor好像是两个人，但仔细辨别，monitor前没有the，在英语中，当一人兼数职时只在第一个职务前加定冠词。后面的职务用and相连。这样本题主语为一个人，所以应选B。 **2. 主谓一致中的邻近原则** （1）当there be 句型的主语是一系列事物时，谓语应与最邻近的主语保持一致。 There is a pen，a knife and several books on the desk. There are twenty boy-students and twenty-three girl-students in the class. （2）当either... or... 与neither... nor连接两个主语时，谓语动词与最邻近的主语保持一致。如果句子是由here，there 引导，而主语又不止一个时，谓语通常也和最邻近的主语一致。

教学程序	教师指导与学生活动
	Either you or she is to go. Here is a pen，a few envelops and some paper for you. **3. 谓语动词与前面的主语一致** 当主语后面跟有with，together with，like，except，but，no less than，as well as等词引起的短语时，谓语动词与前面的主语一致。 The teacher together with some students is visiting the factory. He as well as I wants to go boating. **4. 谓语需用单数** （1）代词each和由every，some，no，any 等构成的复合代词作主语，或主语中含有each，every时，谓语需用单数。 Each of us has a tape-recorder. There is something wrong with my watch. （2）当主语是一本书或一条格言时，谓语动词常用单数。 The Arabian Night is a book known to lovers of English. 《天方夜谭》是英语爱好者熟悉的一本好书。 （3）表示金钱、时间、价格或度量衡的复合名词作主语时，通常把这些名词看作一个整体，谓语一般用单数。（用复数也可，意思不变） Three weeks was allowed for making the necessary preparations. Ten yuan is enough.
Step 2 Discovering the rules	**5. 指代意义决定谓语的单复数** （1）代词 what，which，who，none，some，any，more，most，all 等词的单复数由其指代的词的单复数决定。 All is right.（一切顺利。） All are present.（所有人都到齐了。） （2）集体名词作主语时，谓语的数要根据主语的意思来决定。如family，audience，crew，crowd，class，company，committee等词后用复数形式时，意为这个集体中的各个成员，用单数时表示该集体。 His family isn't very large.他家不是一个大家庭。 His family are music lovers. 他的家人都是音乐爱好者。 但集体名词people，cattle，poultry等在任何情况下都用复数形式。 Cattle feed on grass. （3）有些名词如variety，number，population，proportion，majority 等，有时看作单数，有时看作复数。 A number of+名词复数+复数动词。 The number of +名词复数+单数动词。 A number of books have lent out. The majority of the students like English. **6. 与后接名词或代词保持一致** （1）用 half of，part of，most of，a portion of等词引起主语时，动词通

教学程序	教师指导与学生活动
Step 2 Discovering the rules	常与 of 后面的名词、代词保持一致。 Most of his money is spent on books. Most of the students are taking an active part in sports. （2）在一些短语，如many a或more than one所修饰的词作主语时，谓语动词多用单数形式。但由more than... of作主语时，动词应与其后的名词或代词保持一致。 Many a person has read the novel.许多人都读过这本书。 More than 60 percent of the students are from the city. 60%多的学生都来自这个城市。
Step 3 Practice	Correct the mistakes in these sentences. （1）Doing morning exercise every day help us to keep fit. （2）The Great Wall is one of the eight wonders which were built thousands of years ago. （3）The kid whose brothers are all runners run very quickly，too. （4）Fifty dollars seem too much for this dictionary. （5）The Arabian Nights attract each of us. （6）Tom and Jack were playing basketball on the playground. The rest of us was at work within door. （7）The news are too good to be true. （8）Not only the children but also their mother like to see the film. （9）Alice，together with two boys，were punished for having broken the rule. （10）What you said just now have nothing to do with the matter we are discussing. （11）The singer and the dancer has come to the meeting. （12）The class is busy taking notes. Keys: ①help—helps　②were—was　③run—runs　④seem—seems ⑤attract—attracts　⑥was—were　⑦are—is　⑧like—likes ⑨were—was　⑩have—has　⑪has—have　⑫is—are Ask the students to correct the mistakes and then check their answers
Step 4 Summary	To consolidate what the students learn in this class
Step 5 Assignment	1. Review the rules of Subject-Verb Agreement. 2. Finish the exercises in USING STRUCTURES on Page 43

教学程序	教师指导与学生活动
总结反思	本节课为语法教学课，内容为引导学生梳理主谓一致的用法。我通过设置一系列的活动来激发学生的学习兴趣，采用了自主学习、小组合作、任务型学习和演绎归纳等方式让学生发现探究并学会综合运用主谓一致。整节课的教学达到了预期的目标。 在这节课中，我比较满意的有以下几点。 （1）本节课教学步骤环环相扣，先以简单句子引出主谓一致的概念，再用一篇短文让学生以小组为单位列出有关主谓一致用法的规则，以此来训练学生演绎归纳及与他人合作的能力。要求学生归纳后造句，并向全班展现这一环节，帮助学生加深对主谓一致用法规则的理解并能运用，同时训练学生说和听的能力。这是本节课的一个亮点。 （2）课堂气氛热烈，学生兴趣浓厚，积极性高，师生配合默契，师生间和生生间的互动一直贯穿始终。 （3）教学设计上着眼于为学生开展自主学习、小组合作、任务驱动学习和将输入的知识进行演绎归纳等提供良好的平台，充分体现了以学生为主的教学理念。 尽管课前准备充分，上课时师生互动很好，课后听课老师的评价高，但是我觉得还有一些不足： 首先，课堂容量较大，对中下层水平的学生而言，吸收可能会有一定的难度，应该在分层指导上多加考虑。 其次，大容量的教学会导致完成教学任务的压力加大，因此，自觉在最后总结这一环节有点仓促。 最后，应适当增加一些相关练习以帮助学生巩固主谓一致的用法。 以上问题还需通过教学实践不断加以解决，力求尽善尽美

读写活动课——人物传记

教师	李秀媛	科目	英语	上课时间	2017年3月18日
教学内容		Module 7 Unit 2 Robots The fourth period—Using Language			
教学目标	知识与能力	Teach students how to write a short summary of a person using the structures of a biography			
	过程与方法	Students read the text and know something about Isaac Asimov. Learn how to write a short summary of a person using the structures of a biography			
	情感态度 与价值观	1.To train the students' ability of reading and writing. 2.To train the students' ability to cooperate with others			
教学重点	How to write a short summary of a person				
教学难点	Enable students to use the structures of a biography to write a short summary of a person				
教学程序	教师指导与学生活动				
Step 1 Revision	1.Greetings 2.Fill in the blanks using the correct form of the new words （1）The story she told about her adventure was a _____（虚构的事）. （2）Tom _____（陪伴）his mother to the supermarket. （3）I watched with _____（羡慕）as he won the championship. （4）Steven showed his _____（才干）in the competition. （5）He likes to sleep with the windows closed and _____（窗帘）drawn. （6）His parents d_____ when he was 10 months old and he was brought up by his grandfather. （7）Your hair is so long that you'd better have a h_____. （8）When her husband died，she received many letters of s_____.				

教学程序	教师指导与学生活动
Step 1 Revision	（9）We have d_____ again and again that we would never be the first to use nuclear weapons. （10）The team won series of v_____ with great efforts. Tell the students that in this class they will be able to get to know Isaac Asimov and learn how to write a short summary of Isaac Asimov using the structures of a biography. 3.Look at the title: A biography of Isaac Asimov Q:（1）What's the meaning of biography? （2）What kind of information about the person can you find in a biography? Focus: To arouse the students' interest in the topic and introduce some background knowledge as well as some words that appear in the text
Step 2 First reading	1.Read the passage and find out the main idea for each paragraph. Don't use the whole sentences and just use the key words. Para. 1 _____ _____ Para. 2 _____ _____ Para. 3 _____ _____ Para. 4 _____ _____ Para. 5 _____ _____ Para. 6 _____ _____ 2.Check whether the students can find out the keys words. 3.In which paragraphs does the author mention Isaac Asimov's talent for writing and his books? Focus: To help students first pay attention to the structure and main idea of the passage; help them try to learn to generalize
Step 3 Second reading	Read the passage carefully and answer the questions with complete sentences. How to write about a person: Part 1.—A brief introduction 1. Who was Isaac Asimov? 2. What was he best known for? 3. How many books did he write?

教学程序	教师指导与学生活动

Part 2.—Background information

		Time	Place
	Birth		
	Death		

1. When did he gain his master's degree and PhD in chemistry?

2. When and where did he become a biochemistry teacher?

Step 3
Second
reading

3. How many times was he married?

Part 3.—Important events

____	Started to _____ himself _____ as a writer.
1939	Began _____ his stories published in magazines.
1950	_____ his first novel.
	Published *I, Robot* _____ three laws for robots.
1951–1953	Published *the Foundation Trilogy* and _____ an award for it.
_____	Published first science book.
_____	_____ teaching to become a full-time writer.

Focus:

Develop the students' deeper understanding of the text

Step 4
Writing
task

A short summary of Isaac Asimov

Work in groups of three, choose one structure and write a short summary of Asimov's life in 150–200 words.

1. Choose one structure you prefer to use.

Option 2	Option 3	Options...
Asimov's birth ↓ Important events of his life ↓ Asimov's death	His most famous works ↓ Important events of his life ↓ Your assessment of Asimov as a writer	…

Focus:

To prepare the students for writing.

2. Write a short summary of Asimov's life in 150–200 words by using the information we have got according to the text.

教学程序	教师指导与学生活动
Step 5 Evaluation	**Focus:** To practice writing The pairs exchange their writing and correct the mistakes. Students are excepted to correct the mistakes and give an evaluation for the writing. 表格 **Focus:** To enable students to learn something from their peers' writing and realize their own problems
Step 6 Homework	1. Polish your writing according to the other group's evaluation. 2. Use the structure we learn today to write another short summary of one of the great people you like. The great people we have learned from in the past: Book 1 Unit 5 Nelson Mandela Book 4 Unit 1 Jane Goodall &Lin Qiaozhi Book 4 Unit 2 Yuan Longping Book 4 Unit 3 Charlie Chaplin **Focus:** To consolidate students' writing ability and make sure they can use what they have learned
总结反思	每个单元的 Using Language 都是英语教学中的难点，如何处理好这部分内容成了每个单元教学是否成功的关键。该节课的设计与实施以英语课程标准的基本理论为指导，采用任务型教学方法，设计了六个任务，让学生在实践、探究、自主、合作等学习过程中去体验、感知；学生在教师的指导下去总结和升华，从而达到了运用语言的目的。整节课的教学达到了预期目标。 在这节课中，我比较满意的有以下几点。 1.本节课教学步骤环环相扣，先通过句子复习单词，着重帮助学生在具体语景中掌握单词。接着结合学生实际，合理整合教材，化难为易，通过任务设计，一步步把课文主题呈现给学生，引导学生运用语言，形成能力。在学生充分理解课文并了解传记文章的写作框架后，再进一步要求他们写作就显得水到渠成了。在一定程度上培养了学生的信息处理能力，这是本节课的一个亮点。最后，作业的安排让学生温故知新并着重体现学生的自主学习。

The table inside Step 5:

Read the other group's summary and answer the following questions.	Yes	No
Is the passage complete?		
Is there a clear structure?		
Is the language good?		

教学程序	教师指导与学生活动
总结反思	2.课堂气氛热烈，学生兴趣浓厚，积极性高，师生配合默契，师生间和生生间的互动一直贯穿始终。 3.教学设计上着眼于为学生开展自主学习、小组合作、任务驱动学习和将输入的知识进行演绎归纳等提供良好的平台，充分体现了以学生为主的教学理念。 尽管课前准备充分，上课时师生互动很好，课后听课教师的评价高，但是我觉得还有一些不足。 首先，课堂容量较大，对中下层水平的学生而言，吸收可能会有一定的难度，应该在分层指导上多加考虑。 其次，大容量的教学会导致完成教学任务的压力加大，本课在写作环节用的时间相对较少，必须进一步完善这一环节的设计。 以上问题还需通过教学实践不断加以解决，力求尽善尽美

71

新课标写作课——读后续写

教师	李秀媛	科目	英语	上课时间	2020年6月23日
教学内容	Continuation Writing				
教学目标	知识与能力	To introduce how to write the ending according to the given information			
	过程与方法	Questioning, skimming, scanning and summarizing			
	情感态度与价值观	To inspire students to collaborate and communicate with each other and design the story			
教学重点	Develop students' different reading skills such as predicting, skimming, scanning and summarizing. Be able to write the ending of the story				
教学难点	Facilitate students to the story and reassemble some more vocabulary related to it				
教学程序	教师指导与学生活动				
Step 1 Lead-in	题型分析： 提供一段350词左右的语言材料，要求考生依据该材料内容、所给段落开头语和所标示关键词进行续写（150词左右），将其发展成一篇与给定材料有逻辑衔接、情节和结构完整的短文。阅卷时将主要考虑以下内容。 1.与所给短文及段落开头语的衔接程度。 2.内容的丰富性和对所给关键词语的覆盖情况。 3.应用语法结构和词汇的丰富性与准确性。 4.上下文的连贯性。 考生思考： How to choose the underlined key words in your writing? How to make full use of the given sentences and the plot? How to make the story coherent and logical? 连贯的				

教学程序	教师指导与学生活动
Step 2 Tips for writing	1.Thorough Reading Read the article carefully and analyze the 6 elements: who, when, where, what, why and how. Who is the main character? When did the story happen? Where did the story happen? What happened in the story? Why was the matter caused? How was the matter solved/ended? Who: I（Tom）, Mark, Cody, neighbor When: last weekend Where: Mark's new house, the forest, the lake What, why and how The plot of the original story: get-together—chatting—headed out into the forest—walked through—talked and laughed—shouted from behind—started running—stopped and asked—kept walking on—a lake appeared... Tip 1: Pay attention to the feelings of the characters in different paragraphs. 2.Creative Plotting Attention: Being creative doesn't mean you can write whatever you like. Continuation writing must be designed in a logical and reasonable way. And on top of that being creative will be appreciated. 创造性：发挥想象力，该题型具有一定的开放性，考生需要用自己的语言对故事情节进行内容创造。 逻辑性：根据已提供的关键信息，按照可能的合理的方向续写，使文章逻辑结构完整。 丰富性：语言能力的充分体现，词汇句法的准确与复杂程度，细节描写的生动性等都将让故事更加立体饱满。

读后续写画线关键词语

卷别	名词 （词组）	动词 （词组）	介词 （词组）	形容词
2018年6月	7	2	—	1
2017年11月	7	—	—	3
2017年6月	7	3	—	—
2016年10月	6	2	2	—
考试说明样卷	9	—	1	—

教学程序	教师指导与学生活动
Step 2 Tips for writing	人物：neighbor 地点：forest，lake 名词（词组）：camera，fishing net，water 动词（词组）：walked，running，follow 形容词：wet Tip2: The key words that respectively stand for the most important information，the main character and the main object should be chosen in your writing. 3.Swift Drafting Paragraph 1： Looking around，we saw a rubber boat floating by the shore. Paragraph 2： "Help！ Help！ Help！" I was so frightened and cried for help. 4.Careful Polishing Polish your writing and use transitional words（衔接词/过渡词）. —therefore，however，in addition/besides，what's more/furthermore，on the contrary，on the other hand... —unfortunately，suddenly（all of a sudden），to her joy，worried about...，with the help of... Add some details and use different structures. 5.Neat Copying
Step 3 Group work	Six students work as a group and finish the ending of the story
Step 4 Presentation	Ask the students to come to the blackboard and share their endings of the story
Step 5 Summary & Homework	1.Read and analyze the original article carefully. 2.Make full use of the first sentence in the two given paragraphs，especially the key words. 3.Make logic and creative plotting to complete the story. 4.Polish your language beautifully and copy your work neatly. Make sure you have underlined the key words

教学程序	教师指导与学生活动
总结反思	本节课是英语新高考写作题型——读后续写。写作教学一直是英语教学中的难点，让学生清晰地了解这个新题型并初步掌握一些写作技巧是这节课的关键。该节课的设计与实施以英语课程标准的基本理论为指导，采用任务型教学方法和归纳法，让学生在实践、探究、自主、合作等学习过程中去体验、感知；学生在教师的指导下去总结和升华，从而达到运用语言的目的。整节课的教学达到了预期目标。 在这节课中，我自觉比较满意的有以下几点。 1.本节课教学步骤环环相扣，介绍题型，接着结合学生实际，通过任务设计，一步步把写作步骤呈现给学生，引导学生运用语言，形成能力。在学生充分理解并了解文章的写作框架后，再进一步要求他们写作就显得水到渠成了。在一定程度上培养了学生的信息处理能力，这是本节课的一个亮点。最后，作业的安排让学生温故知新并着重体现学生的自主学习。 2.课堂气氛热烈，学生兴趣浓厚，积极性高，师生配合默契，师生间和生生间的互动一直贯穿始终。 3.教学设计上着眼于为学生开展自主学习、小组合作、任务驱动学习和将输入的知识进行演绎归纳等提供良好的平台，充分体现了以学生为主的教学理念。 尽管课前准备充分，上课时师生互动很好，课后听课老师的评价高，但是我觉得还有一些不足。 首先，课堂容量较大，对中下层水平的学生而言，吸收可能会有一定的难度，应该在分层指导上多加考虑。 其次，大容量的教学会导致完成教学任务的压力加大，本课在写作环节用的时间相对较少，必须进一步完善这一环节的设计。 以上问题还需通过教学实践不断加以解决，力求尽善尽美

综合活动课——急救

所教年级	高二年级	所教册次、单元	Module 5 Unit 5 First Aid
课型	Using Language：Reading & Speaking		
教学背景分析			

教材内容分析：

本单元为模块五第五单元First Aid，中心话题是"急救"。本节课是本单元的第三课时。第一课时，Warming up，教材通过图片为学生提供了生活中可能遇到的六种紧急情况，使学生就已有的急救知识进行交流并理解了急救的定义。第二课时，First Aid for Burns，在这一阅读部分介绍了烧伤的起因，三种不同烧伤的程度、症状及急救措施。第三课时，Using Language，语言运用部分中的阅读Heroic Teenager Receives Award和Speaking整合的阅读与听说的综合技能课。阅读文本以新闻报道的形式，介绍了一个真实的故事。17岁的John Janson采取果断的急救措施，挽救了邻居Anne Slade的生命。通过本文，学生不仅可以学到如何对被刺伤的人实施急救，还会被John Janson的机智、勇敢和爱心深深打动。本文也表达了这样的主题："A simple knowledge of first aid can make a real difference."Speaking的语料素材对教材进行了大胆的删改和添加。根据新闻时事和更加贴近生活的主题，授课教师由"7·23"温州动车追尾事故中王女士一家成功自救的事例引发了进一步话题：急救知识不仅可以救人，也可以自救。除此以外，还选用了和学生生活息息相关的事例——在电梯事故中和踩踏事故中如何自救，引导学生学会用英语介绍这两种情况下的急救步骤。本节课的话题更具体，也更贴近生活。同时，本节课的学习内容对下一步就相关话题的写作起到思路拓宽和储备语言的重要作用。

学生情况分析：

本堂课的教授对象是处在高二年级上学期的学生。他们经过了高一将近一年的英语学习，已经初步具备了综合语言运用能力。例如，阅读的基本技能，包括通过skimming，scanning，careful reading来抓大意，找细节和关键词等。口语表达中运用功能性表达法进行交流已达到初步的基础交际目的等。但是，部分学生在综合语言运用能力的提高和完善方面还需要教师的不懈指导与训练。

同时，学生对于急救的话题很感兴趣，对于和生活息息相关的急救知识求知欲很强。但是对该话题的语言素材和基本词汇积累并不多，因此，讨论环节对学生具有一定的挑战性，所以教师提供的语言支持非常重要。在阅读导入、讨论热身前都需要教师帮助学生回忆，提炼和关注话题关键词，及时提供功能句，同时，教师需要具体和明确指示语、示范功能句在情境中的使用，增强学生信心，规范学生口语表述

教学目标分析

知识与技能目标：

1.通过阅读，能够从篇章中获取主要信息，掌握新闻报道文体的结构特点。

2.根据文章的关键词，学会对被刺伤的人进行描述和介绍实施急救的方法。

3.能够运用所学的急救知识与词汇对电梯事故和踩踏事故的急救步骤予以简要介绍。

过程与方法目标：

1.通过教师引导，运用略读、寻读、细读和查找关键词技能获取信息。

2.通过小组讨论、生生合作的方式进行学习。

情感态度与价值观目标：

1.通过阅读中主人公的事例，学会在紧急情况下保持机智、勇敢和运用急救知识实施救助。

2.懂得紧急情况下急救知识的重要性，乐于在今后的生活中主动积极地学习更多的急救知识。

3.通过参与小组活动，提高团队意识，能积极与他人共同合作解决问题，交流思想

教学重难点分析

教学重点：

1.本节课综合读和说两项语言任务，以阅读任务为重心，带动说的任务，从而实现综合运用语言能力的提高。

2.培养学生的阅读微技能，尤其是略读、查读等新闻报道题材的阅读方法。

3.根据语言情景，准确描述紧急事件及实施急救的方法步骤。

教学难点：

使学生准确运用英语语言传达实施急救的信息及有逻辑地表达实施急救的步骤

教学过程设计

步骤1：Lead-in

Lead in the new lesson with a picture of an injured student. And ask students what we should do to help him.

Q: What can you see in the picture? What happened to Mr. Xu?

Q: What can we do to help him?

（Call 120，turn to...for help，give him the necessary first aid... ）

设计意图：通过校园情景创设，使学生处于情景中考虑处理方法，并激活相关话题知识、语言知识，为下面的学习活动进行铺垫。

步骤2：Pre-reading

Students predict the type of the reading.

Q: Where can you probably read it?

Is it a novel? A science book? A fashion magazine? Or a newspaper?

Q: What will we read first when we look through a newspaper report?

（the headline and the first paragraph）

教学过程设计

设计意图：使学生对新闻报道题材文章的阅读技巧更加熟悉，能够更有效地抓住关键信息，掌握文章大意。

步骤3：Skimming

Listen to the tape. Read the headline and the first paragraph and answer the following questions.

（1）Who?_____

_____

（2）What?_____

_____

（3）Where?_____

_____

（4）When?_____

_____

（5）Why?_____

_____

What is the main idea of this passage?

_____ saved his neighbor's life using _____.

设计意图：引导学生从标题和首段掌握文章主旨，使学生初步掌握新闻报道题材文章的阅读技巧，并熟练使用skimming这项基本的阅读技巧。

步骤4：Detail Reading

Guide students catch the detailed information through two reading tasks and share the answers by group discussion.

Task 1: Para.2–4

（1）Read the article and find out the answers to the following questions.

① What was John doing when he heard the screaming?

He was _____ in his room. Then he _____ _____ with his father. When they came there, the attacker _____ _____ .

② What did John discover?

Ms Slade was _____ repeatedly with a knife. She was _____ in her front garden and she was _____ very heavily. Her hands had almost been _____ _____ .

③ What did John do?

John gave _____ _____ on Ms Slade. He used _____ _____ and _____ to treat the injuries. And he slowed the bleeding by _____ _____ .

（2）Put these events in the right order.

_____ The attacker ran away.

_____ Anne was attacked and started to scream.

_____ John performed first aid on Anne.

_____ John was studying in his house.

教学过程设计

_____ The ambulance arrived.

_____ John ran outside with his father.

_____ John found Anne in her garden with terrible knife wounds.

Task 2: Para. 5–7

What saved Ms Slade's life?

It was John's quick _____ and knowledge of the _____ _____ that saved her life.

The first aid knowledge can make a _____ _____ .

设计意图： 培养学生带着阅读任务快速寻找关键词的能力，并通过课件的动画展示，帮助学生很好地理解事件经过和急救过程，引领学生深刻理解机智和急救知识在危急时刻的重要性。同时，在小组活动中培养学生与人交流合作的能力。

步骤5： Speaking

Task 1:

The teacher gives the two situations in the elevator separately and lets students have a discussion within 3 minutes to discuss the first aid knowledge in the two situations. Then ask one student to do the right gesture according to the instructions.

In the elevator:

Situation 1: How to protect ourselves when the elevator doesn't work?

（Do not try to open the door，telephone for help，shout and make loud noises...）

Situation 2: What will you do when the elevator falls down quickly?

（Press all the buttons，keep the right gesture...）

Task 2:

Watch the video and discuss how to protect ourselves in the crowd. Lead students learn the gesture following the video.

In the crowd: How to protect ourselves in the crowd?

（Calm down，walk slowly，don't fall down，keep the crowd away...）

设计意图： 使学生意识到学习本单元的现实意义，能够与自己的生活实际相联系，进一步通过讨论、分析整理后进行口头传递信息，并表述急救的具体步骤。

步骤6： Summary

Today we learned a passage about a heroic teenager and got a better understanding of first aids. The most important thing is that we know how to give first aid in the three situations:

（1）When someone is bleeding.

（2）When the elevator breaks down.

（3）When you are in a crowd.

设计意图： 教师总结概括本节课的内容并对急救的意义进行升华，为写作作业的布置埋下伏笔。

步骤7： Homework

Writing task: write a letter to your friend and introduce first aid knowledge in the three situations and encourage him to learn more first aid knowledge in the daily life.

教学过程设计

（1）When someone is bleeding.

（2）When the elevator breaks down.

（3）When you are in a crowd.

We should learn more first aid knowledge in our daily life. You know life is precious and in times of danger, knowledge can save our lives!

设计意图：课堂教学的延伸和落实。通过读和说活动为写作的输出提供body部分。为写作课提供准备，使读、说、写的综合技能培养能够实现

感恩——我们将飞得更高

——心理健康活动课教案

一、设计思路和关键词

（一）目标要求

认知目标：帮助学生改善与父母交往的方式，反省自己在处理与父母的关系时的不良习惯和行为。

情感目标：让学生感受到亲情的重要，促进亲子关系。

技能目标：提高学生思考、感悟的能力，使学生通过体验懂得感恩，学会感恩。

（二）教学对象分析

现在的学生中独生子女比较多，他们从小到大都被大人们宠着，往往是想要什么就有什么，对父母更多是索取，不太会想到要给予。他们往往觉得父母的给予都是应该的，他们的索取也是应该的。特别是到了高中阶段，他们无论是心理上还是生理上，都比初中阶段更趋于成熟，他们的行为举止也更为独立自信，对周围的人与事都有自己独特的见解。他们认为自己已经长大了，厌烦父母的唠叨，经常不能很好地处理与父母的矛盾。

（三）教学内容分析

知识要点：理解亲情的重要性，亲情对个人成长的激励作用，如何通过有效沟通改善与父母交往的方式，如何懂得感恩、学会感恩，等等。

重点：让学生明白感恩是一个人的基本素质，也是一种健康的心态。常怀感恩之心的人是最幸福的，常怀感恩之情的生活是最甜美的。

难点：教师要引导学生展露真实的内心世界，启发他们领悟亲情的重要性，学会感恩。

课时安排建议：1课时。

（四）教学内容指导

热身活动是播放歌曲《感恩的心》，主要目的是活跃课堂气氛，放松学生的心情，引入主题。故事分享让学生感受到父母对子女的爱是最无私的。学生自编自演小品，展现他们紧张又丰富多彩的学校学习生活以及和父母相处时出现的问题。两个亲子活动促进学生与家长的相互了解，增强学生与家长的情感交流。家长心声是家长的情感反馈。朗诵诗歌《感恩》，让学生理解父母，激发学生的感恩之情，升发情感。

二、教学过程

（一）设计意图

本课属于心理健康教育活动课，以五个活动贯穿整节课，让学生在活动中体验和感悟亲情的重要性以及激发他们的感恩之情。

（二）准备要点

邀请部分家长参加此次心理辅导活动课；学生排练好小品；准备好亲子活动的内容；朗诵诗歌《感恩》。

（三）过程指导

1. 导入主题

播放歌曲《感恩的心》，让学生说出今天的心理健康教育活动课的主题是感恩。

2. 故事分享

通过分享故事，引导学生得出结论：父母对子女的爱是最无私的！

3. 小品表演

本小品由学生们自编自演，分两个场景。第一个场景是学校，学生们以轻松活泼的方式展现他们紧张又丰富多彩的学习生活；第二个场景是家里，是接到学校的期中考试成绩单后，妈妈与女儿之间的一段对话。

讨论：看了小品后，对于这些发生在我们身边的事有怎样的想法，请大家（学生、家长）畅谈。

这个环节的安排，旨在让家长更多地了解他们的子女在学校的学习生活情况。通过讨论互动，学生们袒露了内心想法，家长们也表达了对子女的关怀与期盼。本环节促进了亲子间彼此的情感交流。

4. 亲子活动

（1）亲子小测验。

活动规则：学生和家长各自根据两组题目作答，最后进行对比，答对最多的一组为优胜组。

共A、B两组题，A组题目如下。

第一题：难度★

妈妈／爸爸最爱说的口头禅是？

第二题：难度★★

妈妈／爸爸的身高和体重是？

第三题：难度★★★

妈妈／爸爸最爱吃的一道菜是？

第四题：难度★★★★

妈妈／爸爸穿多大码的鞋子？

第五题：难度★★★★

妈妈／爸爸出生于哪一年，生日是哪一天？

第六题：难度★★★★★

妈妈／爸爸最大的爱好是？

第七题：难度★★★★★

妈妈／爸爸最大的心愿是？

妈妈／爸爸感到最开心的事情是？

B组题目如下。

第一题：难度★

女儿／儿子最爱说的口头禅是？

第二题：难度★

女儿／儿子的身高和体重是？

第三题：难度★★

女儿／儿子最爱吃的一道菜是？

第四题：难度★★

女儿／儿子穿多大码的鞋子？

第五题：难度★

女儿／儿子出生于哪一年，生日是哪一天？

第六题：难度★★★★

女儿／儿子最大的爱好是？

第七题：难度★★★★★

女儿／儿子最大的心愿是？

女儿／儿子感到最开心的事情是？

你答对了几个？

（2）亲子活动之妈妈／爸爸的手。

活动规则：四个学生用布蒙着眼睛，用手摸十位家长的手，判断哪个是自己妈妈或爸爸的手。

你是否找到了妈妈／爸爸的手？

学生随机发言：对于妈妈、爸爸的了解，你属于几颗星？

（3）家长心声。

通过刚才的亲子活动，请家长谈谈感想。

教师小结：我们要学会感恩，不要再认为父母是理所当然地帮我们做所有事情，他们把我们带到这个美丽的世界，已经足够伟大。他们将我们养育成人，不求回报，默默地为我们付出，让我们向我们的父母致敬！感恩是一个人的基本素质，一个缺乏爱心、不懂得感恩惜福的人，长大后不可能懂得体谅、关心他人，不懂得孝敬父母、尊敬师长，也难以与人交往、融入社会，更谈不上爱同学、爱学校、爱国家、爱民族了。学会感恩，它是一种礼仪，是一种健康的心态，是一种做人的境界，也是一种社会进步、现代文明的体现。因为感恩可以让这个世界一天一天地美丽起来，让人与人之间一天一天地更加温馨起来。

我们是雏鹰，总有一天要离开母亲温暖的怀抱，总有一天要离开父亲如山般的脊梁。总有一天，我们要撑起属于我们的那片蓝天。但在今天，我们拿什么奉献给挚爱我们的人？其实，他们并不需要我们以后轰轰烈烈地去为他们做什么大事，而是想要我们从现在做起，从点滴做起：动一动手，搬一把椅子给他们歇歇；动一动口，说一句真诚温暖的话语给他们听听。其实就是这么简单。

亲爱的同学们，生命就像一条大河，时而有宁静，时而有波涛，有了感恩，你就有了力量，你将走得更远，飞得更高。同学们，让我们学会感恩，学会感激，用感恩之心去生活吧。

最后，让我们一起朗诵诗歌《感恩》，感谢今天到场的家长们！

5. 朗诵诗歌《感恩》

三、教学反思

（一）学生反馈

我们原来一直觉得父母对自己好是天经地义的，是应该的，从来没有想过该如何回报父母对我们的付出。这次课让我们思考了这些以前从来不会去想的问题，也让我们意识到了在我们的心中，其实爸爸妈妈是多么的重要！

（二）家长反馈

对于自己的孩子，平时比较多的还是关心他们的饮食起居和学习成绩，感恩教育方面相对比较少。通过这节课，我们意识到感恩教育在孩子的成长过程中的重要性，今后也会把它作为情感教育的重点。在这节课上，孩子与我们讨论、交流、互动，感觉彼此的情感更进一步。

（三）教师反思

在进行故事分享第二个环节中，把角色转换成父母后，学生们异口同声地喊出了"会"，"父母对子女的爱是最无私的"这一结论也就水到渠成了。亲子活动之小测验，让学生们意识到父母对他们付出了很多，而他们对父母的了解却是知之甚少。而亲子活动之妈妈／爸爸的手，把整节课推向了高潮。学生们在轻松、欢乐的氛围中，嬉闹着与家长做游戏，温馨祥和洋溢在他们的脸上，浓浓的亲情环绕着他们。家长代表的发言更是令他们感动不已，掌声如雷鸣般响彻教室。

上完课后我们感到心理健康活动课非常重要，学生需要我们给他们提供这么一个平台与时间去思考、去感悟。他们平时往往会忽略与父母相处的种种，没有时间静下心来考虑，而我们在这节课上给他们提供了思考的时间，让他们去感悟父母的爱的那份珍贵，那份不求回报的付出。

反思整节课，我们也感到还存在一些需要改进的地方。比如，因受场地的限制，无法邀请更多家长参加活动，而有了家长的参与，会对学生起到更好的教育效果。一节课的时间，也无法进行太多的亲子活动。

第 四 章

游 学 笔 记

国际视野与名师成长

——赴美国研修总结与反思

2019年1月7日凌晨5点，天刚蒙蒙亮，我们一行21人，怀着无比激动的心情奔赴广州白云机场，正式开启赴美研修之旅。本次我们参加的是由广东省教育厅继续教育指导中心及广东第二师范学院精心组织与策划的为期21天的文化交流之旅——广东省中小学名教师工作室主持人赴美研修活动。该项活动的目的是培养具有国际视野和现代教育理念的中小学名教师工作室主持人，进一步加强中小学教师队伍建设。

一、行前培训，有效保障

为了确保此次研修活动的有效进行，承办单位为我们精心准备了为期5天的行前培训。培训根据主题分为三个方面：一是破冰之旅，由广东第二师范学院李晓娟老师主持。在李老师的组织下，我们通过不同的游戏活动相互认识和建立相互信任，找伙伴再互相介绍彼此的性格、爱好、特长等，活动让来自广东省各个不同市的教师们熟络了起来，心也在慢慢靠近。紧接着，为方便组织管理和分组研讨，代表团（含两位领队）被分成五个学习小组，民主推选出两位班委和五位小组长。二是赴美日程安排及学习要求。其中包括广东第二师范学院胡继飞教授及于慧副教授两位领队给我们讲述了赴美日程安排、关于赴美学习的要求、在美学习期间的一些具体活动安排以及访美结束后的一些工作建议。广东省教育厅的领导也特别重视此次活动，继续教育中心吴华明副主任及交流合作处周国平副处长专门给我们做了培训，重点强调了外事纪律。哥伦比亚大学中国教育中心在北京的项目对接人罗东宁主任为我们讲述了即将出访的哥伦比亚大学的历史、关于赴美期间的基本礼仪及在美期间的生活安排，让我们对美国有了一些初步了解。三是中美基础教育的比较。广东第二师范学院教育学院院长、教授周峰为我们做了关于哥伦比亚大学、关于美国基础教育的特点、关于圈养与放养、关于模仿与创新、关于大班额与小班额、关于整齐划一与鼓励个性、关于杜威及其教育思想的讲座。广东第二师范学院教师研修学院副院长、副教授古立新给我们讲了跨文化的比较与审视，东西方文化背景下的课堂教学传统的优点与长处，西方教学思想、教学方式的融合与统一。特别是古教授，她鼓励我们要带着问题去参加研修，告诉我们研修必须要有关注点，而且越精准越好……两位教授的讲座使我们对美国基础教育有了初步了解，也让我们的赴美研修目标更加明确具体、更加有意义。

二、研修交流，兼收并蓄

从广州出发，到达北京，再到达纽约，我们历经接近20个小时。纽约的天气当时是在0℃左右，好在大家学习热情高涨，忘记时差，很快就进入研修状态。

哥伦比亚大学校园初印象

　　我们在美国研修的21天中，除了路途的3天，18天的学习活动安排得紧凑充实：我们每天早上8点左右（其中有两天早上6点左右）从酒店出发，下午7点后才回到酒店。我们每天都在紧张忙碌的学习中度过，学习期间大家都很投入，白天记笔记、观察、提问、交流，晚上则查阅资料、整理笔记、撰写体会、小组交流。我们在纽约2周，波士顿1周，研修内容和形式主要有四大类：一是专题讲座，我们听了多场专题讲座，比较系统地了解了美国教育的制度、批判性思维、教育领导力、项目式教学和评价改革等当今教育的前沿问题；二是学校参访，我们先后参访了十多所位于纽约、康涅狄格州不同学段、不同类别的中小学（K-12），参观校园，走进教室、实验室、体育馆、艺术馆、食堂等，与当地学区官员、校长、教师、学生零距离接触，进行了深入交流，深入课堂观摩，收集第一手资料，也参访了哥伦比亚大学、哈佛大学、麻省理工学院等美国顶尖高校；三是主题研讨，代表团自行组织了多场次的集体交流或小组研讨活动，有很多活动都是利用课余时间，地点有时在从哥伦比亚大学返回酒店的车上，有时在下榻的酒店餐厅；四是文化考察，我们利用课余时间顺道考察了纽约公共图书馆、世贸大厦纪念馆、纽约博物馆和耶鲁大学校园等。下面主要从专题讲座和学校参访两个方面做详细的阐述。

耶鲁大学校园合影（前排左一为笔者）

（一）哥伦比亚大学专题讲座

我们听的第一场讲座是由哥伦比亚大学中国教育研究中心副主任、研究员程贺南博士讲授的。她给我们简要介绍了哥伦比亚大学中国教育研究中心：由曾满超教授于2000年创办；主要学术研究内容是中国教育政策，教育财政和资源分配，教育公平，流动儿童教育，等等；从2005年开始接受中国第一期教育培训。

程博士也详细介绍了哥伦比亚大学教育学院的历史及与中国的渊源。①哥伦比亚大学是美国常春藤八大盟校之一，成立于1754年，最初名为"国王学院"。其根据英国乔治二世颁布的王室特许状成立，1896年正式更名为哥伦比亚大学。 哥伦比亚教育（师范）学院是一所世界顶级的教育学研究生院，它由Grace Dodge女士和诺贝尔和平奖得主、教育家巴特勒（Butler）于1887年创立于美国纽约。学院于1898年加入哥伦比亚大学。哥伦比亚大学教育学院是美国乃至全世界最早、规模最大、课程设置最全面的教育学院。②在哥伦比亚大学教师学院及其他院系学习的中国学生有：陶行知、胡适、蒋梦麟（原北大校长）、郭秉文（原东南大学校长）、张伯苓（原南开大学校长）、陈鹤琴等。

程博士最后还分析了美国著名哲学家、教育家杜威先生对中国近代教育的影响：他反对传统的灌输和机械训练，强调从实践中学习的教育主张，对蔡元培、晏阳初以至毛泽东等都有一定的影响。

从实用主义经验论和机能心理学出发，杜威批判了传统的学校教育，并就教育本质提出了他的基本观点："教育即生活"和"学校即社会"。杜威认为：生活就是发展，而不断发展、不断生长，就是生活。因此，最好的教育就是"从生活中学习、从经验中学习"。在他看来，教育不是把外面的东西强迫儿童去吸收，而是要使人类与生俱来的能力得以生长。

在杜威的实用主义教育思想体系中，教学论是一个十分重要的组成部分。在批判传统学校教育的基础上，杜威提出了"从做中学"这个基本原则。强调从经验中学习，采用非权威式的教学方法，为学生创造学习的环境，让他们学会灵活多样的学习方式，并且把学习和现实生活联系起来。

我们在参访美国中小学的过程中都能深刻感受到杜威教育思想对美

国教育理念的影响。在课堂教学中，教师采取"问询式"的教学方法，即提出启发性问题，培养学生解决问题的综合能力，主要体现为项目式教学法（project）。

哥伦比亚大学校园里的杜威像

另一个让我印象深刻的讲座是哥伦比亚大学教师学院Robert Monson教授的《批判创新式思维与课程改革》，其关键词是批判和创新。教授让我们对经济论坛提出的2020年十项重要技能进行重新排序，紧跟着抛出几个问题。

（1）如何找到观察中国教育政策的角度并且将之与美国教育进行比较。

（2）如何有意识地制定推动批判性思维和创新性解决问题以及个人表达的课程设计。

（3）如何改善我们的学校制度，以确保学生在全球经济中做好准备。Robert Monson教授让我们围绕以上问题交流，进一步明确交流的话题。

最后，Robert Monson教授和大家进一步讨论：中国高考是否能够促进学生提升批判性思维和创新性解决问题的能力？他提出全球趋势是从死记硬背的学习方法转向创新性解决问题，需要改变的有以下几个方面：一是从集体获益到个人获益的社会文化转变；二是从死记硬背获得知识到利用知识解决问题的课程设计转变；三是从整体教学到注重个体差异性的教学法转变。我们要从顶层设计学生要学什么，要怎么学以及如何得知学生是否以最佳的方式开展学习。

实际上，我们祖先的一句话："不闻不若闻之，闻之不若见之，见之不若知之，知之不如行之。"（荀子）已经给了我们明确的答案，值得我们深思。

还有一个比较有特色的讲座是《美国的学前教育：美学和创造力》。主讲者是哥伦比亚大学师范学院附属幼教中心主任、幼儿教育系兼职教授Heather J. Pinedo -Burns博士。 她也是Columbia Hollingworth Preschool的园长。讲座尚未开始，我们已经被博士带来的各种各样五颜六色的教具深深吸引住了。园长首先为我们介绍了Hollingworth的一些基本情况：它是哥伦比亚大学教育学院附属幼儿园，位于哥伦比亚大学教育学院的一个实验室，小而精，结合科研开设。为了让更多孩子入园，该园分为全天班和半天班，也是我们参访的学校之一，大家都充满期待！

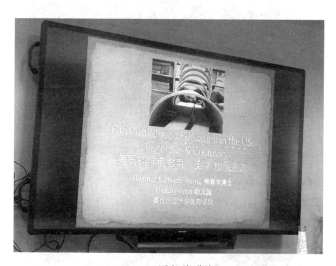

Heather园长的讲座

Heather园长接着讲了美国学前教育的一些情况，包括以游戏为基础的活动，采用蒙台梭利（Montessori）教育法和瑞吉欧（Reggio）教育法，这两种学前教育理念均受到全世界的特别关注。蒙台梭利是20世纪享誉全球的幼儿教育家，蒙氏教育法遍及欧洲大陆，也走向了世界，蒙氏教育法推广百年取得了丰硕成果，在美国、欧洲、日本、新加坡、澳大利亚等学前教育发达国家极受关注，蒙台梭利学校已遍及一百多个国家。创办瑞吉欧教育机构的灵魂人物是洛利斯·马拉古兹（Loris Malaguzzi），1981年他率团在瑞典举办的《如果眼睛能越过围墙》教育展览，轰动了整个欧洲。目前，瑞吉欧已发展成一个国际品牌教育机构，向世界各国输出他们的教育经验和方案。而Hollingworth学前教育研究中心，其哲学理念受杜威先生影响，认为尊重儿童是教育的基石，以培养儿童的美学和创造力为目的，融合风靡全世界的学前教育理念，抓住尊重与信任、兴趣与发展、探索与实践、游戏与互动、环境与等待等关键词，制订计划，制作教具。他们在多样化的活动中，渗透文字、文化、科学、艺术、数学等人文和科学，为我们呈现丰富的操作案例。例如，积木的多功能使用，环境、材料的使用，户外活动的开展与引导，兴趣的激发与进课堂等。教育无痕，效能无限，不禁让人惊叹于实施学前教育研究者的高度与前瞻，实践者的用心与智慧。

Heather园长讲座时带来的幼儿园教具

对于儿童来说，美学是一种生活方式，需要去感知。我们必须为孩子提供机会去探索世界。教师会邀请孩子做活动，而不是要求他们一起做；将孩子的好奇心和玩结合起来也是他们所追求的。因此，Hollingworth的课程设置更多的是注重培养儿童的互动能力，培养他们的社会性、创造性，促进儿童自主性和个性的发展。

（二）参访纽约、康涅狄格州学校

在参访美国学校之前，我们对美国K-12的基础教育体制做了初步了解。美国各州的义务教育一般都包括小学5年，初中3年，高中4年；有公立（public）免费、公立选拔（magnet）免费、民办公助（charter）、私立（private）四类学校。各阶段特色为：小学全科教学，一、二年级不考试，三年级开始参加州统考，开设特色课程；初中专科教学，以英语综合分班，可以开设高中课程，设立选修课；高中采用学分制，以必修课和选修课构成，后者跨班、跨年级，开设超前课程、大学课程，主张独立自主学习、大量的课外活动，为升学标准化考试（SAT和ACT）做准备，十二年级下学期开始申请大学。

美国高中主要学分学科包括：科学类——生物、化学、物理，数学类——代数、几何、三角、微积分，英语科——文字、人文、写作、口语，社会科学科——历史、政府、经济，还有外国语、音乐美术、体育等，均依重要性修一至四年不等，有成绩好的学生，初中就带着学分上高中。纵观美国基础教育，幼儿园、小学低段的学生都在玩，在游戏，不用考试，从三年级才开始有州的统一考试；条件较好的初中开设特色课程，有个别选修；高中则全部是选修课程，好的高中都有自己的侧重学科，有特长的学生可以根据自己的兴趣选报，大学也是以填志愿、看分数排名的方式录取。

1. Columbia Hollingworth Preschool

在听了Heather园长的讲座后，我们来到Columbia Hollingworth Preschool，实地考察该幼儿园的课程设计。参观时我们总共才看到17个学生，他们分为两批，由5名教师带着进行各种活动。园长是教授、博士，其他教师也至少是研究生，他们一边陪着孩子玩，一边做记录。该校的幼儿教学内容设置很丰富，很适合孩子们的身心发展。每天早上教师会把教室分成不同的区域，如读书角、积木区域、涂鸦区域、玩水区域等。教师们会根据季节、最近节假日、孩子的兴趣来摆放玩具，孩子们可以玩任何他们想玩的玩具，这样能够增强他们的自信和主人翁感觉。游戏之后进入上课环节，上课内容有社会学习、读写、数学、科学、语言、艺术、音乐与体育，上课地点随着具体的科目来定，教师通过教学活动来发现孩子们的特长和爱好，进一步加以引导和鼓励。

下午的课程较为轻松，基本都是孩子们自己继续学习上午的课程，或是做作业。这段时间，孩子们没有无意义地疯玩，他们都有自己的爱好，都有自己的安排。Heather园长还骄傲地告诉我们，孩子们玩的积木不是普通的积木，积木都是用图片包裹起来的，图片也是随着每月主题的变化而变换。比如，这个月的主题是纽约，我们看到的图片就有纽约的地标性建筑、纽约的公园等。孩子们通过搭积木，不仅学会图形，还会学到其他更多方面的东西。我们禁不住为他们的奇妙心思点赞。

大小两个屋子里充满了各式各样自制或购买（主要是自制）的玩具、教具、书籍，所有的工具都整理有序，井井有条，一目了然。课室布置温馨舒适，让孩子们有家的感觉，也更容易融入集体中去。从满屋子的工具、教具，我们深切体验到了教育者的教育情怀与用心。

2. High School of American Studies at Lehman College

雷曼学院附属美国研究高中（High School of American Studies at Lehman College）是全美排名前十的公立高中，位于纽约市布朗克斯区（The Bronx），以历史和社会科学为重要科目，学校学生400多人，生源来自纽约五个区。在这个多元化社会，学生的背景都不一样。学校位于雷曼学院旁，属于学院的附属学校，所以在资源、师资共享方面有着得天独厚的优势，学生也可以选修大学课程。美国有500～600所高中，其中有9所特殊的高中，美国研究高中就是其中之一。这样的高中，学生需经过残酷的竞争选拔考试才能进去研读。据美国研究高中校长Alessandro Weiss介绍，当时八年级（初中）毕业生有3万人申请这所学校的九年级（高一），录取90～100人，可以说是"万里挑一"了。

雷曼学院附属美国研究高中的荣誉陈列柜

　　学校对我们这个参访团非常重视，为我们做了详细周到的参访安排。首先是学校校长Alessandro Weiss为我们介绍学校的管理制度及办学特色，其中有一个令我感触最深的就是Alessandro Weiss校长提到的"trust"。在这所学校里，学校管理者、老师、学生相互信任，没有学生守则，没有很多的条条框框，但学生也明白他们该怎么做。学校管理者也会让学生参与行政工作，参与预算等。例如，打印的问题，学生反映打印机不够，学校就专门成立了一个打印中心为学生服务。Alessandro Weiss校长所说的"trust"，我们在参观的过程中，从学生的口中也印证了这一点：美国研究高中的校门很不起眼，门卫也就只有一个，恰逢午饭时间，学生们三五成群地自由进出。我问了我们组协助翻译讲解的一个学生，学校会不会担心他们逃课出去外面呢？这个女孩毫不犹豫地说：不会！我追根究底：为什么？女孩不假思索地回答：Trust。

　　在这种相互信任的轻松氛围中，让学生处于自然的状态，更有利于他们的健康成长，也突出了环境（environment）的重要性——是第三位老师。

　　接着，在分组观察课堂的过程中，我们都注意到了教室周边环境的布置，走廊两边靠墙都是储物柜，是给学生存放书籍、衣物、文具的，所有的教室桌椅都不能存放个人物品，因为是走班制，学生们没有固定的教室，随时都会有另一拨学生来。教室外面的墙壁上贴满了学生的作品，五彩斑斓，充满个性化。因为是走班制，每个教室的布置都比较学科化，教室后有一个非常大的图书库，书架很大，整整一大面墙壁，琳琅满目都是书。书是学校购买的，学生可以外借，丢了是需要赔偿的。教室墙壁上贴着和学科相关的资料，如地图、化学元素表、相关学科知识等。每个教室的后面角落都有电脑、打印机、打印纸，这些都可供学生使用。美术教室，所有课堂所需材料可以说一应俱全：大桶颜料、画笔、宣纸、纸巾、模型摆满了整个教室，还有学生作品也是全方位悬挂。

我这一组观摩了西班牙语、微积分、生物、英语、世界历史、物理等课堂。为了不影响学生们上课，每个课堂我们都只是观察几分钟。恰逢西班牙课堂在进行考试，主要考三个方面：听力——老师讲，学生写下来；还有写和说。英语课堂是一节阅读课，小组合作，三个学生为一组，围着坐，分别阅读相同材料的不同段落，每个人设计五个问题，最后与小组成员交换。授课老师非常热情地为我们讲解了具体的操作方法。化学课堂的老师扎着个性小辫，正在黑板上边写边讲，没用课件，就是一支粉笔。他正在让学生分析如何配平。两种做法，一种是对的，一种是错的，学生们讨论得很是热烈。

深入美国中学课堂

教室里，学生的座位相对比较自由，没有像我们一样整齐划一，有插秧式、围坐式，有的桌椅甚至东倒西歪，极不整齐。学生的学习状态显得自由轻松，有的学生嘴里还嚼着口香糖，着装也比较个性化。教师的授课方式有讲解、讨论、问答、质疑等。从整体来看，教师都是满面春风、和颜悦色，学生都是自由张扬。正是在这样的课堂中，学生才有自主思考的空间和自由表达的意愿。

参访的最后，Alessandro Weiss校长还为我们答疑解惑：学校有教材，但教师可以根据所教学生的实际情况自行删减整合；学生是学习的主体，每天的课都不一样，他们有多种选择；暑假也会送教师去参加培训，或请专业人员进校培训教师；对于教师的招聘比较严格；等等。

3. P.S.173 Fresh Meadows

校长Molly Wang为我们简要地介绍了学校。这是一所公立中英双语小学，是纽约的一所蓝带学校，在与纽约其他学校的学校质量评估中被评为高于平均水平。学校的特色课程就是开设了中文课，从一年级到五年级各开设一个中英双语班，这个课程活动已经开展了10年，受到家长及社会各界的广泛认可。另外，这所学校在为弱势学生服务方面也取得了一定的成功。

在学校教师的带领下，我们分为四个小组进入课堂观摩。我们分别观摩了五个不同年级不同课型的班级：一个二年级中英双语班的中文课堂，一个五年级中英双语班的英文课堂。中英双语班是每周用英文、中文各上课两天半的时间，这需要带班的中英文两位老师默契配合。另外两个分别是二年级和五年级的ICT班。ICT班里有两位老师同时在教室里给学生上课，主要是因为在ICT班里，有40%的学生程度比较好，60%的学生属于程度一般。老师可以因材施教。最后观摩的是四年级的一个班级，老师在指导学生如何写作。据介绍，学校对于整体课程都有比较完善的规划。

本次参观让我们感触最深的是：学校规定教师课堂讲课不能超过15分钟，剩余的时间要留给学生自己去思考或通过小组合作完成教师布置的任务，教师只是起到监督、引导作用。

美国中学教室一角

三、交流反思促成长

这次赴美研修，我们收获颇丰，收获的不仅有专业内外的视野，更有同道之间的友谊。主要有以下几个方面。

一是对美国K-12的基础教育体制有了更全面的了解，包括学段的划分、学校的类型、评估制度、教师聘任的方法以及学区式管理体制等，尤其是有关Preschool（学前）、Elementary school（小学）、Middle school（初中）、High school（高中）等不同学段的办学特点和教学要求。

二是进一步体验到美国诸多先进的教育理念和操作模式。比如，尊重学生的选择权，照顾到每个孩子的需要推行个性化教学，重视环境创设及其教育价值，重视读写能力的培养，推行项目式学习和融合式教学，重视批判性思维和创新能力的培养，重视教育领导力及其培养，重视教育的连贯性，为未来而教，等等。

三是学会辩证地看待中美教育的差异。我们既不能妄自菲薄，也不能孤芳自赏，通过比较能够更加清晰地认识到我国教育的优势与不足。我国的中小学教育在注重"双基"（基础知识、基本技能）、行为习惯养成、提高办学效益等方面有自己的优势。我们也感受到，中美两国的教育有趋同性，事实上，美国也在关注和学习中国的教育改革。

四是学校教育之外的收获，大家能够体会到中国的经济发展和在国际上受到的尊重。这既坚定了学员们对国家的认同以及制度自信、文化自信，这些又是对中小学学生进行爱国教育的极好素材。

从美国参访回来之后，我充分利用寒假整理资料，结合自己所任教的英语学科的特点，制订了新学期的行动方案。

（一）项目式学习在教学中的运用

项目式教学法（Project-Based Learning）是让学生在教师指导下通过完成一个完整的"工作项目"而进行学习的教学方法，它将传统的学科体系中的知识内容转化为若干个"教学项目"，围绕着项目组织和开展教学，使学生直接全程参与、体验、感悟、论证、探究。

项目式教学法一般按照以下五个教学阶段进行。

明确项目任务：通常由教师提出一个或几个项目任务设想，然后教师与学生一起讨论，最终确定项目的目标和任务。

制订计划：由学生制订项目工作计划，确定工作步骤和程序，并最终得到教师的认可。

实施计划：学生确定各自在小组中的分工以及小组成员合作的形式，然后按照已确立的工作步骤和程序工作。

检查评估：先由学生对自己的工作结果进行自我评估，再由教师进行检查评分。师生共同讨论、评判项目工作中出现的问题、学生解决问题的方法以及学习行动的特征。通过对比师生评价结果，找出造成结果差异的原因。

归档或应用：项目工作结果应归档或应用到学校的教学实践中。

2017年去英国访学期间，我对项目式教学法就有了比较深入的了解，比较感兴趣，觉得可以在我的班级尝试着推行。因此，自2017年下半年开始，我就在我所教的班级推行项目式学习。学生从来没接触过这种方法，刚开始只能做小项目。我当时教的是高二年级，在学习第五模块第二单元时，主题是英国。我指导学生完成了一个项目，具体操作如下。

项目主题	介绍英国，两周的准备时间
制订计划	学生六人为一组，分组讨论并确定从哪些方面去介绍英国，以什么形式展示小组成果（课件或海报）
实施计划	小组成员确定具体分工，外宿的成员负责查资料，内宿的成员负责整合编辑，合作方式自定
检查评估	各个小组在班里逐一展示自己的成果，教师、学生共同讨论、评估，提出改进意见
归档或应用	收集各个小组修改后的成果，作为资料整理归档

据学生反馈，他们非常喜欢这个活动，小组成员踊跃参加，配合默契。从学生们的成果中，我发现他们富有想象力，经常给我惊喜。项目式教学充分发掘了学生的创造潜能，培养与提高了他们的动手能力、实践能力、分析能力和综合能力，更重要的是激发了他们学习英语的兴趣。2017—2018这一学年，学生共完成了五个项目。

新学年，我任教高一年级，继续推行项目式教学法。配合单元话题，学生们完成了收集世界各地节日的项目活动。

（二）小组合作在教学中的运用

小组合作，即小组合作学习（又称合作学习，Cooperative Learning），于20世纪70年代率先兴起于美国，并且已被广泛应用于中小学教学实践。它的产生除了美国独特的社会文化背景之外，主要是出于克服传统教学存在的弊端，改革课堂教学、提高教学效率的需要。学生在合作学习小组中，通过与同伴的共同努力，提出问题、确定目标、制订方案、收集信息资料并进行分析处理、寻找问题的答案或结论。小组合作学习是同学之间互教互学、彼此交流知识的过程，也是互爱互助、相互沟通情感的过程；学习的过程不仅直接作用于学生的认知发展，并且通过情意因素促进学生认知的发展以及非认知品质（如人际交往等）的提高，同时满足了学生"影响力"和"归属"方面的情感需求。小组合作开展研究性学习，不仅使学生"学会""会学"，而且使学生"乐学""好学"。所以，小组合作学习理所当然地成为研究性学习比较合适的教学组织形式。

我们在参访美国中小学的过程中发现，小组合作学习是美国当前课堂教学中使用频率极高的教学方式之一。

我采用固定分组，将全班学生（60人）按照"组内异质、组间同质"的原则进行分组，每组六个学生，每个小组都有高、中、低三个层次的学生。这样分组不但有利于学生间的优势互补，相互促进，又为全班各小组之间的公平竞争打下了基础；有利于增强小组优胜的信心，也有利于学生主体能动性的发展。"组内异质"是为了让优等生的才能得以施展，中等生得到锻炼，学困生得到帮助；"组间同质"是为了使小组之间的合理、公平竞争意识形成，同时促进组内合作意识和合作学习能力的提高。

在平时的教学中，我经常开展小组合作学习。不过，刚开始实施小组合作学习时，学生难免有些生疏，合作时要么七嘴八舌乱讲一通，要么干脆不说坐享其成，要么人云亦云，对小组内的意见根本提不出真正意义上的赞成或反对。因此，要想有效地开展小组合作学习，我们应教给学生一些基本的合作技能。比如，在小组合作分工学习时，要教给学生分工的方法，根据不同成员的能力，让他们承担不同难度的任务，以保证任务的顺利完成。在小组合作讨论、交流时，告诉学生要尊重对方，理解对方，善于倾听对方的意见，有不同意见，也要等对方说完，自己再提出；遇到困难，要心平气和，学会反思，建设性地解决问题。我们不但要有意识地长期培养，还应重视学生课后小组合作学习的延伸。

项目式学习与小组合作学习是紧密联系在一起的。此外，课堂上的很多活动都可以通过小组活动去完成。比如，让小组成员一起阅读一篇文章，然后每个人根据阅读材料提出一个问题，收集起来，请其他小组的成员回答问题。每隔一段时间，我也会开展一些小组合作学习竞赛活动，进行评优，以此来调动学生的合作积极性，逐步将合作学习内化为学生的学习品质。

（三）班级管理方面

在哥伦比亚大学程贺南博士介绍美国基础教育现状时，提到了一个让我们大家都感到很奇怪的现象，就是美国学校学生每年都会被重新分班。程博士解释说，其主要目的是让学生从熟悉的环境和人中脱离开来，跳出舒适区，挑战自我，去适应陌生的环境和接触新的人。这也是一种民主的体现。

从这一点我受到启发：我是一位班主任，我的学生同样需要新的环境和新的朋友。我给他们重新调换了座位，组建了新的学习小组，刺激他们学习新的技能。新的学期，我也期待着他们有更佳的表现。

虽然我们的访美行程已经结束，但我们的学习、思考和行动仍在路上。我将继续深化学习成果，将收获转化为行动，继续开展项目式教学法，继续推行小组合作学习，总结经验，不断改进，促进学科、学校和工作室的工作进阶与升级。

本次出访，不仅拓宽了我的视野，也使我清晰地意识到：作为新时代的一名教师，我们不能仅仅关注自己学科、学段，还需要关注跨学科及整个完整教育学段；在中西方文化交融大背景下，关注国际动向，重视中国传统教育，在未来教育的路上，共筑中国梦！

雷丁课例

学期教学计划

Action Plan Number:1　　　Course: CSC40　　　Name：Leeann 李秀媛

⊕	A term
Action and rationale	Setting up learning group in English teaching. · To motivate the students. · To create a student-centered class. · To enable the students to share their own ideas and co-operate with others well. · To help reinforce the confidence of the students. · To develop the peer correction and self-assessment
Steps	· Divide the students into groups. · Assign a student as a group leader in each group. · Participate in activities in groups in English class. · Encourage students to peer-check each member's work and solve the difficult problems after class every day. · Reflect every week. · Support and help weak members. · Finish their project together in this term. · Encourage other teachers to observe my class and help me analyze the effectiveness
Anticipated problem	· The students have different levels. · Some students may keep silent in class. They have no confidence to express themselves. · The students may be confused in checking each other. · They may have difficulty in solving problems. · The students may feel it too time consuming. · They may find it hard to collect the materials

⏱	A term
Anticipated solutions	· Make sure each group has different levels of members. · Take turns when speaking. · Always give them encouragement，try to motivate them and help reinforce their confidence. · Talk to each other about what they learned that day and share ideas. · Encourage them to look up the dictionary or surf the Internet. · Remind the students that co-operation makes things easier. · They can do the project on weekends and use computers or phones to search for materials

Action Plan Number: 2　　　Course: CSC40　　　Name:Leeann 李秀媛

⏱	A term（once a week，usually on Friday，45minutes for each time）
Action and rationale	Helping students develop their listening skills，especially intensive listening skills. · To help students know what listening skills are needed. · To enable students to become more aware of some smarter ways for their Computer-based English Listening and Speaking Test（CELST）. · To reinforce students' oral communication ability. · To help students become more confident in listening and speaking
Steps	· Show students different listening skills to suit listening needs，such as listening for specific information or for detail. · More scaffolds，e.g. pre-teach necessary vocabulary，set context，predict content，etc. · Design different listening topics（invitations，appointments...） for students and help them get the detailed information. · Encourage students to peer-check first. Then check their answers. · Give feedback and conclusion. · Help students solve some listening and speaking difficulties when necessary
Anticipated problems	· Students always find listening hard and most of them feel anxious during listening tasks. · Students may be unfamiliar with the listening topics. · They may have difficulty in understanding the speakers and their accents in the listening. · The students may feel it hard to complete the communicative tasks（Role play） after listening. · It is a challenge for the teacher to cut the listening audio to the proper position

🕐	A term（once a week，usually on Friday，45minutes for each time）
Anticipated solutions	· Fully prepare students for a listening task during the pre-listening. Give them plenty of support and encouragement. · Provide them the background information and make the tasks easier. · Try to expose students to different kinds of voices and accents during everyday teaching. Introduce some English songs and films to them，helping broaden their views. · Help them know some listening skills for detail and pay more attention to the number，the place，the name... · Turn to colleagues for help and learn some technologies to make it. · Remind the students that with any type of listening，we rarely need to achieve 100% comprehension

教学设计

Class/level: Senior 1	Date: 23 July，2017
The learners	The students are in grade 1 in senior high school. They have learned some related expressions about music and everyone likes the topic of music. Meanwhile，they are curious，active，and fond of competitions and various activities. What's more，they enjoy learning through cooperation in a real situation with a little challenge
Aims of lesson	According to different tasks，teachers 1.facilitate students to differentiate types of music and reassemble some more vocabulary related to music. 2.introduce students to the Monkees and how the band was formed. 3.develop students'different reading skills such as predicting，skimming，scanning and summarizing. 4.inspire students to collaborate and communicate with each other and every student designs a poster
Learning Outcomes/ objectives（by the end of the session learners will）	1.have reassembled some more vocabulary related to music and have been introduced to some information about the Monkees. 2.be able to identify types of music and have finished some tasks of predicting，skimming，scanning and summarizing. 3.be able to introduce their own band by designing a poster. 4.have finished different tasks by collaborating and communicating with each other

Class/level: Senior 1	Date: 23 July，2017
Materials and Resources	Besides the textbook，multi-media，blackboard and chalks，a handout which will replace the original one in the book，pieces of music and some paper for posters will be used in this lesson
Language Focus（Pron，meaning and use；function，structure，vocabs etc.）	Reassemble some vocabulary and expression: band，choral，country music，classical music，jazz，rap，rock'n'-roll，folk music，orchestra Apply some vocabulary and expression: musician，break up，reunite，break up
Skills Focus（Which specific receptive and productive skills and sub-skills will the learners practise?）	Receptive skills: identifying different types of music，questioning，skimming，scanning and summarizing. Productive skills: discussion，designing a poster and surfing on the internet
Anticipated problems（and what I plan to do if they arise）	Some students may not finished the handout previously，so the teacher may walk around the classroom to check or ask the students to check the answers with each other. Students may not be active in giving what aspects of the Monkees they want to know，so the teacher can give some examples. Some groups may have，difficulty with mind map，so the teacher should walk around the classroom and give some directions. Some of the group members may not take an active role in poster design，so after a total score has been given，some group should be asked to give presentation randomly
Assessment（how will you check that learning has taken place?）	Check handouts. Observe the response & discussion. Present the mind map. Evaluate the poster. Present the poster task randomly

Stage	Procedure: Teaching Methods/ Teacher activity/ Student activity and interaction	Timing
Pre-task	Task 1: Check handouts（Based on the flipped class） Students had a handout to find out the names of different kinds of music before this lesson. Students check the answers with each other. Task 2: A guessing game Let students play a guessing game. They listen to some music and match their styles, using the words in the handout. Task 3: Brainstorm（Based on the Survey and Question of SQ3R） Show some pictures and guide students to list some famous bands and check the background information about the Monkees. Invite some questions from the students to arise the students' interests	8 mins
Task cycle	Task 1: Guide students to understand the title. Read the passage quickly and choose the right answer. What does the title "The Band that Wasn't" mean? Work in pairs, after choosing, peer checking with other pairs, then the teacher gives feedback.（Before the students start reading）	2 mins
	Task 2: Guide students to skim to find out the main idea of each paragraph. Read it again and match the main ideas with the proper paragraphs. Work in groups of four. After matching, present the answers, then the teacher gives feedback. （survey the text, quickly look at the whole text and get an overall impression.）	4 mins
	Task 3: Ask students to scan the text to get some detailed information and finish some exercises to develop their scanning skills and get a better idea of what the text is about（Based on the Read of SQ3R）: 1. Multiple choices　　　　2. True or false questions 3. Jumbled text-reorder　　　4. Questions	10 mins
	Task 4: Ask students to recall what they can remember from the text in groups to further deepen their understanding of the text, do peer teaching and develop speaking ability.（1 minute for each student. Based on the Recall of SQ3R）	6 mins

Stage	Procedure: Teaching Methods/ Teacher activity/ Student activity and interaction	Timing
Post-task	The mind map （Based on TBLT and the Review of SQ3R） 1. The students will discuss in groups and match the pieces of paper about the time and events in order to review what they have get from the text. 2. After the discussion，the teacher will ask some groups to give presentations. 3. The teacher asks the students to check how many questions they can answer on the blackboard and surf the internet to solve the unsettled questions	9 mins
Homework	Making the poster （TBLT） Ask students to make a poster about their own bands based on knowledge learnt and their imagination in groups. Discuss in groups and choose the name，logo，music style of their band. And the teacher will give each group a score and ask some groups to present their bands to the class with their posters	1 min

教学反思

Reflection on the Lesson Plan

I'm Leeann. Our group members are Frank，Judy，Bessie and Daisy. Our teaching material is the reading passage in Book 2，Unit 5 published by People's Education Press. It is for Grade 1 students in senior high school.

In fact，we always finish our lesson plans individually at my school. We seldom work together to finish the lesson plan except someone wants to participate in the competition. Chinese teachers have a variety of competitions，aiming to improve our teaching skills. It is not just an individual business but it involves the honor of the whole group or the school，so we work together to make it perfect. In this case，the lesson plan is based on one teacher's idea while the other teachers just give some suggestions to help polish it. They don't do the equal work. So when we had the task of the lesson plan，I felt so confused: different teachers have different ideas. How could we work together? Besides，we have different course book materials. It seems a bit difficult for us to finish the work. Though we were full of puzzlement，we still had to begin our work. After all，we would have one mark for all of us，which was the most essential one everyone cared about. It also urged us to try our best to complete our task in collaboration. All of us knew it well，so everything went smoothly.

First，we decided to choose reading as our topic because we were all interested in the teaching methods we've learned in our morning session in Reading，such as SQ3R，TBLT and soaring. After that，we discussed how to organize the lesson and we had our own task. After school or by WeChat，We discussed，argued，even debated because sometimes we disagreed with others.

The lesson is a typical reading lesson，which includes pre-reading，while-reading and post-reading. I took charge of pre-reading. We design a series of tasks to achieve the aims of lesson and learning objectives.

There will be three tasks in the pre-reading. It will take 8 minutes and engage the students in the topic of the text. The first task is handouts checking. Students will have a handout to find out the names of different kinds of music and the background information about the bands before this lesson. It is based on the theory of Flipped Classroom，which has become very popular in China these years. It has not only been applied in English classes，but also in other subjects. The students should finish the exercises in the handouts ahead of the lesson. They can refer to the dictionary or surf the Internet to help finish the exercises. It would be not so difficult for the students to finish the task. The teacher will check their answers first in case some students didn't get it. I'm so admired of this part that I always make good use of it during my teaching. The handout can be designed to suit different levels of students. This is a kind of soaring. The third task is to invite some questions from the students. With the questions, the students will pay more attention to the text by trying to find the answers to them. This is a new approach based on the Question of SQ3R Method. I like it and I will apply it to my teaching later in China. However, it would be a bit hard for the low level students to give their own questions. So I may give them some key words to guide them and make it easy.

Like a traditional reading lesson, in while-reading our lesson plan also focuses on developing the students' reading skills, such as predicting, skimming, scanning and summarizing. We scaffold the tasks from easy to difficult step by step with good timing. Skimming and scanning are the most common used in teaching reading. In post-reading, the students will discuss in groups and match the pieces of paper about the time and events in order to review what they have got from the text. This is a mind map, which is very useful to help students summarize the text, using drawing or matching. I'm fond of using mind maps because it can bring in visual awareness to help students have a further understanding of the text. Using the pieces of paper to match the information is much easier than drawing a mind map. This is another kind of skill that I have learned in Reading. Homework for students is to make a poster about their own bands based on knowledge learned and their imagination in groups. The teacher will ask some groups to present their bands to the class with their posters in the next lesson. It may have peer correction and evaluation.

I think there are too many activities in this lesson. We don't have enough time to complete them. So I will leave out some tasks in while-reading in my own class and let the students make the poster in class but not after class. They may put their posters on the wall of the classroom and enjoy themselves.

It's a good opportunity for us to finish the lesson plan and give the presentation together. I have learned a lot from my group members by collaborating. What impressed me most was that we respected each other and all our efforts to meet the arrangement. All the members of the group were devoted to the work. Some of us even stayed up to make it perfect. Just like an old saying goes: Union is strength. I think we are an excellent group. Anyway，I was satisfied with myself during the lesson plan and the presentation. Now I'm sure I have enough confidence to become better and better.

雷丁游记

雷丁小镇

一、闻名遐迩的雷丁小镇

雷丁（Reading）位于泰晤士河流域的中心，在伦敦以西40千米处，英国英格兰东南区域伯克郡的自治市镇，英格兰的单一管理区之一，人口142800人，面积40.40平方千米，人口密度3.535每平方千米，是一座非常小巧的城市。因为规模小，至今雷丁还没有获得市的身份，仍然是镇的建制。雷丁也

雷丁小镇

是伯克郡府所在地和英国乡村环境最美的城市。整个雷丁小镇就如同一个大公园，树影婆娑，风光明媚，是英国适宜乡间生活的地区之一，很多富人、明星如果要购买乡下的别墅，都会首选雷丁。如今说起雷丁，最让当地人自豪的应该是这里诞生了一位"平民王妃"——和威廉王子共结连理的凯特·米德尔顿。1982年1月9日，凯特王妃诞生于雷丁皇家医院。

雷丁位于英国经济发展最迅速的东南部地区，因此当地经济十分发达，其良好的投资环境引来很多的国内外商业公司，并成为英国最主要的零售中心，曾经被评为英国十大零售地之一，Oracle中心的修建，扩展了雷丁的购物设施，它被公认为英国南部最好的购物和餐饮中心。雷丁也是英国失业率极低的城市之一，失业率几乎为零。

雷丁给我印象最深刻的是几乎人人都在做志愿者工作。首先是在6月19日，我和同学去Palmer Park，因为当天那里有一些教会活动，是关于号召人们收养儿童的教会集会和演讲。但令我印象深刻的是那里摆的许多摊点都是有关慈善和志愿者工作的。其中有一个60多岁的老人，一直在做关于控制人口、保护环境的宣传工作。他还和我聊到了有关无人收养的孩子、离婚率高等问题。他说他愿意一直做志愿者工作。我的房东也在努力做一些志愿者工作，她在儿童联系中心当监督人，关注和帮助离异家庭的孩子安全地去见他们的父母。还有实习学校所见的楼层管理员，他曾经是商业精英，但退休后好多年都在Edgbarrow School义务当管理员，并且他一周花4个小时来义务帮助有单词学习障碍的孩子。我们在雷丁镇中心的多个慈善店里见到的所有的工作人员都是志愿者，他们没有任何工资，销售得来的每一分钱都将用于帮助心脏病人、孤儿或者癌症患者。房东告诉我，这里每一位公民都在尽自己的一份力来做一些事情，尤其是一些大型的公司企业，都鼓励自己的员工去做大量的志愿者工作。在雷丁小镇里，人人都在努力为别人付出，这种精神令人感动，也值得我们深思和学习。

二、雷丁大学

雷丁大学（University of Reading）坐落在雷丁市区边缘，绿树环绕，草坪无际，建于1892年，由牛津大学创办，1926年得到皇家宪章授权。雷丁大学在教育领域有着巨大的成就，1998年、2005年、2009年和2011年四度获得女王周年奖。它是英国著名的研究型大学之一，由于其各方面的成就，如今已成为一所集研究和教学于一体的综合大学，属于英国一流大学之列。雷丁大学由人文艺术与社会科学学院、理学院、生命科学学院和亨利商学院组成。亨利商学院（Henley Business School）成立于1945年，是全英第一所商学院，也是同时通过欧洲质量认证体系（EQUIS）、英国工商管理硕士协会（AMBA）和国际商学院协会（AACSB）"三重认证"的世界知名商学院。

雷丁大学

雷丁大学2015/16QS世界大学排名上居世界第156位，在2015/16泰晤士高等教育世界大学排名上居世界第164位，英国唯一由官方每7年发布一次的REF英国大学科研实力（原RAE）排名中，雷丁大学名列全英第28位。作为世界前1%的大学之一，雷丁大学也在不断地探索和发展，在2015年REF研究排名中，在研究投入和密度上位列英国前二十。同时，它也是英国非常美的校园之一。

【关键词】

1. research university　研究型大学

2. investment　n.　投资　e.g. This is an investment that returns a good interest.

3. voluntary work   志愿者工作

4. retail   n.   零售   e.g. We sell wholesale to several chains that sell retail to the public.

5. unemployment   n.   失业

e.g. The state's unemployment rate rose slightly to 7.1 percent last month.

【关键句】

1. The city of Reading is like a big garden.

整个雷丁小镇就如同一个大公园。

2. Princess Kate was born in the Royal Berkshire Hospital in Reading on January 9th, 1982.

1982年1月9日，凯特王妃诞生于雷丁皇家医院。

3. What impressed me most is that almost everyone in Reading is doing some voluntary work.

雷丁给我印象最深刻的事就是几乎人人都在做志愿者工作。

【参考文章】

CSC35，曹莉莉，雷丁

英国王室的府邸——白金汉宫

白金汉宫（Buckingham Palace）是英国君主位于伦敦的主要寝宫及办公处。宫殿坐落在威斯敏斯特，是国家庆典和王室欢迎礼举行场地之一，也是一处重要的旅游景点。在英国历史上的欢庆或危急时刻，白金汉宫也是一处重要的集会场所。

白金汉宫

1703年至1705年，白金汉和诺曼比公爵约翰·谢菲尔德在此兴建了一处大型镇厅建筑"白金汉宫"，构成了今天的白金汉宫的主体建筑。1761年，乔治三世获得该府邸，并将其作为私人寝宫。此后宫殿的扩建工程持续超过了75年，主要由建筑师约翰·纳西和爱德华·布罗尔主持，为中央庭院构筑了三侧建筑。1837年，维多利亚女王登基后，白金汉宫成为英王正式宫寝。19世纪末20世纪初，宫殿公共立面修建，形成延续至今的白金汉宫形象。第二次世界大战期间，宫殿礼拜堂遭一枚德国炸弹袭击而毁。在其原址上建立的女王画廊于1962年向公众开放，展示皇家收藏品。现在的白金汉宫对外开放参观，每天清晨都会进行著名的禁卫军交接典礼，这成为英国王室文化的一大景观。虽然白金汉宫自1993年8月向公众开放部分区域用于参观，但显然并非所有人都有机会受到女王的邀请，成为其座上贵宾。英国女王伊丽莎白二世自1952年即位以来，几乎每年都会邀请来访的国家元首到白金汉宫或温莎城堡做客。而白金汉宫的待客之道，堪称英伦典范的最高标准。

2017年6月17日，英国为女王伊丽莎白二世的91岁生日举行官方庆典。女王在丈夫、儿子、儿媳、孙子、孙媳和曾孙的陪伴下出席了仪式。英国女王的生日是4月21日，但英国王室传统上都把官方生日定在夏季月份，方便在晴朗的日子举行生日庆祝仪式。英国皇家军队先沿着林荫大道行进至皇家禁卫军骑兵总部，之后分旗阅兵。随后，皇室成员会出现在白金汉宫的阳台上致意。阅兵庆典队伍包括皇家骑兵卫队、皇家骑兵炮兵团的国王仪仗队等，他们在伦敦骑兵卫队阅兵场进行操演，有超过千人参加，女王和丈夫菲利普亲王也会坐在马车上，行经林荫大道，向民众致意。王室成员最后会在白金汉宫阳台上观看空军表演，并向群众致意，庆祝仪式每年都吸引众多民众夹道观看。

女王在庆典当天身穿一袭淡蓝色套装，头戴同色帽子，威廉王子的妻子凯特王妃则是一身娇嫩的粉红色套装。王室男性成员大都是一身军装。王室成员在白金汉宫阳台与群众致意时，乔治王子和夏洛特公主也终于现身。乔治王子身穿西装吊带裤，一直好奇地东张西望，凯特王妃不时弯腰对他说话。两岁的夏洛特公主则是穿着粉红色洋装，被妈妈抱在手上，还不时地吮着手指头。

和往年一样，庆祝的路线从白金汉宫开始，沿着莫尔步行街（The Mall），依次经过皇家骑兵卫队阅兵场（Horse Guards Parade）、白厅（Whitehall），最后返回白金汉宫。皇家骑兵团主体建筑的钟敲响11点的时候，女王乘坐的马车将会缓缓经过庆典路线，最后返回白金汉宫。1400多名骑兵侍卫、200匹威风凛凛的马、400多名演奏者把庆典气氛再次推上高潮！

【关键词】

1. extension   n.   扩建部分

e.g. We are thinking of having an extension built, as we now require an extra bedroom.

2. sovereign   n.   君主   e.g. In England, the sovereign reigns but does not rule.

3. tourist attraction   旅游景点

4. Trooping the Color   军队阅兵仪式

5. distinguished guest   贵宾

【关键句】

1. Buckingham Palace is the royal palace in Britain. It is located in Westminster, which is home of London supreme power.

白金汉宫是英国的王宫，位于伦敦最高权力所在地——威斯敏斯特区。

2. Buckingham Palace is used for important official events and receptions held by the Queen.

女王的重要国事活动都在白金汉宫举行。

3. The State Rooms at Buckingham Palace are open to visitors every summer.

白金汉宫的国事厅每年夏季都对游客开放。

【参考文章】

CSC35，陕西延安中学，曹莉莉，英国王室的府邸——白金汉宫

英国的文化

在英国，人们的思想观念与我们不同。一般家庭，子女在16～18岁就离开父母独立生活。英国人认为，人生短短几十年，先为自己而活，作为父母抚养孩子到18岁，就尽了责任和义务。他们的观念就是享受生活，活着首先是为自己，有钱就花，花光了钱，再拼命工作。就个人来说，英国人并不是都有钱，因为他们有钱就消费，在银行的私人存款其实并不多。大部分人认为把钱存在银行里并不明智，他们宁愿把钱花在旅游或投资等方面。

英国人注重享受。周末、假期经常露营、旅游。在英国，几乎每一个生活小区都专门规划出一大块绿地或公园，供人们休息或散步，为孩子们嬉戏提供空间。由于冬季阴雨多雾，因此夏天的太阳对他们来说特别宝贵。在阳光灿烂的周末、假日，公园里、沙滩上到处躺满了享受太阳浴的人，更有英国人以把自己的皮肤晒成棕色发亮为时髦。

英国人注重文明言行。当你到商店、宾馆、车站等公共场所，随处可以听到暖人的"你好""对不起""打扰""谢谢你"等。当你意识到挡了别人的去路，让路的时候会听到"谢谢"；商店结账之后，你也能听到一声

"谢谢"。英国人在公众场合严守社会公德，不会高声喧哗。乘坐电梯时，人们都会自觉靠右，将左边自然地空出，以方便后面有急事的人。在任何地方，只要有两个人以上，人们就会自觉排队，而且绝不会有插队的现象发生。因此，即使在拥挤的地铁里也不会看到有人因为磕磕碰碰而争吵或抱怨。此外，英国人还特别注重环保，不会随地吐痰或乱扔垃圾，他们习惯将生活垃圾和可回收垃圾分开投放。

英国人与动物和谐相处，非常融洽，人与动物没有距离。公园里到处可见人与鸽子、松鼠和谐相处的场景，动物见到人不害怕也不躲避，人与动物自由、平等地分享着大自然所赐予的一切。

漫步街道的鸽子

好多人都说，如果你没有去过英国的酒吧，那就等于没有去过英国。的确，酒吧对于英国人来说，就相当于美国的咖啡馆和中国的茶馆，都是当地文化不可或缺的一部分。它以独特的社交中心、社会生活的焦点，对流行文化的影响，历史资源和旅游吸引力而闻名世界。

英国的酒吧

在英国，还有一点让我非常受用，那就是人与车的关系。无论是宽阔的马路还是狭窄的小径，只要有人过马路，即使是违反交通规则闯红灯，司机还是会很有礼貌且很有耐心地等你先过。一般情况下，当车主看到你有意要过马路，他会主动向你挥挥手，示意你先过。几乎所有的司机都会这么做，这充分显示了英国人的绅士风度，也使看似狭窄弯曲的道路畅通无阻。

【关键词】

1. tanned　adj.　被晒成棕褐色的　e.g. I was slightly tanned by the sun.

2. public green area　公共绿地

3. harmony　n.和谐　e.g. And together，you represent the harmony between tradition and progress.

4. recyclable　adj.可回收的　e.g. Bring back your recyclable cans and bottles.

5. gentility　n.绅士风度　e.g. He has an air of gentility.

【关键句】

1. In Britain, people's thoughts are different from us.

在英国，人们的思想观念与我们不同。

2. British people pay attention to their own words and actions.

英国人注重文明言行。

3. The British and animals live in harmony，there is no distance between people and animals.

英国人与动物和谐相处，人与动物没有距离。

【参考文章】

CSC35，青海省海东市化隆县第一中学，杨延萍，英国的文化

体验英国课堂教育

在英国雷丁大学研修的三个月中，我们通过听课、听讲座、进入英国中小学实习、为实习学校的学生上课，体验了中英教育的异同。

英国的中小学课堂教学有突出的特点：灵活多样的教学方法，在教学活动中渗透着德育教育，并且有促进个性发展的分层教育等。英国教师上课最大的特点就是注重激发学生的学习兴趣，以激励学生积极地去思考、参与教学活动并尊重学生的个性发展。

一、制造悬念，为学生提供充分的想象空间

英国教师上课很少直截了当地讲解知识，往往制造悬念，让学生尽情想象、尽情交际。教师通过制造悬念，将学生的主观能动性调动起来，积极地参与学习和交际活动。在这一方面，我们的导师Rachel给了我们很好的示范。她别具一格的教学方法精髓就是"What I say is also what I do."她不是直接给我们讲什么，而是把我们带入一个教学活动的情境中，让我们讲出自己的感受，从而反思这种教学行为和活动，并最终将反思的结果展现在小组讨论上。

开学的第一节课，她拿了一个软软的球扔给我们，并提出问题要求我们回答，问题从易到难。在这个过程中，她从趣味性的活动中成功地了解了我们的口语水平。在活动中，我们所有人都必须全神贯注，不能分神，因为球随时都有可能扔向自己。这样的活动，不仅把学生的主观能动性调动起来，使学生积极地参与学习和交际活动，也能增进学生和教师之间的了解。

123

二、真诚鼓励，让学生扬起信心的风帆

英国教师从不吝啬给予学生鼓励性的语言或表情。他们鼓励性的语言很多，如真好（excellent）、真棒（marvelous）、棒极了（wonderful）、完全正确（absolutely right）、做得好（well done）等。对不同层次的学生，教师的鼓励方式有很大的不同，鼓励学生发展自己的个性特长。我喜欢Rachel的课，就是从她对我们真诚的鼓励开始的。她经常用"Thank you""Lovely"来肯定我们的回答。这两个句子听起来都很平常，但每当她带着热情的目光，用真诚的语调说出来时，不能不让你感到信心百倍。

导师Rachel

另一位导师Sharon在给我们上希腊语课时对我们的激励也做得非常到位。当学生答对了，她从不吝啬非常暖心的表扬并和学生握手。当学生不会的时候，她会用口形耐心地陪着他完成，不让学生丢面子，即便是在她的帮助下完成，她的表扬也是和对待答对的学生一样，让人觉得课堂很安全，不用担心，觉得自己不是一个人，可以学会。她还牵着一个个学生的手到黑板指认答案，这给学生以极大的鼓励和安全感。正如她所说的，自尊心是给学生最大的礼物，让他们觉得他们可以学习。

这不禁使我想到：我们的学生尚处在成长时期，有时就像干旱的幼苗，多么希望教师爱的鼓励、爱的滋润。作为教师，如果我们能将爱奉献给他们，那么他们就会像雨后的春笋一样茁壮成长。

三、引入讨论，使学生在讨论中分析和学习

英国教师非常注重让学生自己去寻找解决问题的方法，而不是让学生被动地接受。在雷丁大学，无论是在Rachel的课堂还是在Sharon，Alison和Ted的课堂，我们每堂课都有讨论的内容。当我们进行讨论时，教师会环顾班级，聆听我们的讨论，并不时地加入我们的讨论或者引导我们讨论。我们在愉快轻松的氛围中积极参与讨论，发表阐释各自的观点，不知不觉学会了知识。

英国教师不管上什么课、怎么上课，都会努力把学生的积极性调动起来，让其积极、主动、乐意、愉快地参与学习。我们的实习学校 Waltham St. Lawrence Primary School是一所小学，规模不大，人数不多，却涵盖了幼儿园、小学。在课堂观察中，我们发现教师们是自然而然地将讨论引入课堂，使学生在讨论中分析和学习，这让我印象深刻，颇有感触。

四、注重个性发展，开发学生的想象力和创造力

牛津大学自然史博物馆（Oxford University Museum of Natural History），其建筑为哥特复兴式建筑。博物馆收藏了大量恐龙化石，另外，收集的馆藏含昆虫学、地质学、矿物学与岩石学及动物学等标本，最令我惊叹的不是动物或昆虫的标本，也不是世界上保存最完整的"渡渡鸟"的标本，而是那些存在于海陆空的石头。那些千万年前的矿石和化石，还有2.9亿年前的石头，更有4.5亿年前的陨石，大多陈列在过道上，上面都标有"请触摸我"（Please touch me）。我几乎触摸了每一块这样的石头。孩子们来到了博物馆，也都会用手去感受它，增加感性的认识。在雷丁博物馆参观时，工作人员说：只要孩子们能学到知识，打破一个瓶子有什么可惜的？每个周末，博物馆都会举办以家庭为单位的活动，鼓励一家人以孩子为中心对博物馆里的东西进行探索、再创造、模仿制作等。孩子们乐此不疲，获得快乐的同时，也开发了想象力和创造力。

牛津大学自然史博物馆

五、体验成长，鼓励学生参加社会公益活动

英国的学生在医院或咖啡馆当招待，或在小镇的慈善商店中帮忙，所有工作都是无偿的，目的是了解自己作为社会公民的责任。

英国学生的独立学习能力很强。英国的每个中学生都能去图书馆查阅文献，寻找自己需要的信息来完成一个比较正规的科研论文。英国中学生的工程（Project）完全从学生的兴趣和社会实际出发，题材极为广泛：从理化生实验、数学建模到英国的历史、地理，从环境保护到关爱生命，从反恐到世界和平，从政治到经济，等等，应有尽有。

英国的教育和中国的教育在目的上是一致的，但根据国情和历史传承，在教育手段上的差异还是很明显。英国教育以学生为中心，更注重全方位地培养学生学习的能力，学习始于兴趣，重在体验，归于收获，这些都给了我们很多启示，值得我们认真分析，合理借鉴。

第五章

教育漫谈

做学生的引路人

教师被人们称为"人类灵魂的工程师"。教师要塑造学生的灵魂，首先要塑造自己的灵魂，要自觉加强师德涵养，努力成为社会主义核心价值观的模范践行者。因此，我们作为普通高中的一线教师，应该心系中国梦，时刻铭记教书育人的使命，甘当人梯，甘当铺路石，以人格魅力引导学生心灵，以学术造诣开启学生的智慧之门，做学生的"引路人"，引领学生健康成长。参加工作25年来，我长期担任班主任，每带一个班都认真地对待每一个学生。无论是课堂上还是课余时间，我都时刻注意学生的思想动态，做到及时发现及时纠正，努力成为学生的良师益友。

传授知识容易，当好学生成长的全方位"引路人"不易。只有不断锤炼尊重学生、理解学生、宽容学生的职业品质，才能取得更好的教育效果。

有这样一件事情使我记忆犹新，我任教的理科班的小柯同学，其他各科成绩都不错，就是英语成绩偏差。我也与他交流过，但可能是英语基础确实比较薄弱，上课跟不上教师的步伐，小柯听不进去的时候，会偷偷地在英语课堂上做其他科目的练习。那天，当同学们在我的引导下遨游英语王国时，小柯却独自沉醉于数学题海里……我当时甚是恼火，几乎是吼着他的名字让他回答问题。还没从数学题中回过神的小柯在同桌的提醒下犹犹豫豫地站了起来，自然是无法回答我的问题，其他同学也都盯着他……我看着小柯的脸一下子涨红了起来，心中一惊，赶紧放低声调，说："这个问题有点难度，请大家回去再好好思考，或者和其他同学讨论，我们明天再请小柯同学来回答吧。"那一节课下课后，我也没有直接找小柯批评他，但放学后，小柯却主动找到我，向我道歉，跟我倾诉他的学习困惑……自从那次谈话之后，小柯在上英语课的时候都很认真地听讲，有时还会主动举手回答问题。课余时间，我也会给他一些针对性的辅导。小柯对英语的学习兴趣越来越浓，成绩也就自然而然地提高了。再次反思，如果我当时不给他台阶下，结果是不堪设想的，极有可能毁掉他学习英语的耐心与信心。这件事虽然已经过去，但对我永远是一个提醒。理解与尊重每一个孩子，用爱倾听他们内心的声音，是教育的起点。

爱学生，怎样的爱才是真正的爱？好多教师认为：学生的优点，不夸跑不了；学生的缺点，不批改不了。因此，他们总是批评、训斥、否定学生，而很少鼓励、表扬、肯定学生。其实，在教师的眼里不应有教不好的孩子，爱学生就要对学生一视同仁，不能用简单粗暴的做法对待学生或歧视学生。热爱一个学生就等于塑造一个学生，而厌弃一个学生无异于毁掉一个学生。每一个学生都渴望得到教师的爱。尤其是那些家庭有过特殊变故的学生，容易形成特别的性格，这就要求教师真诚相待、热情鼓励、耐心帮助，用师爱的温情去融化他们心中的"坚冰"，让他们在愉快的情感体验中接受教育。

"其身正，不令而行；其身不正，虽令不从。"教师的思想、行为、作风和品质，每时每刻都在感染、熏陶和影响学生。我在近期的一次业务培训中，遇到了以前教过的一名学生小静，她现在也是英语教师。久别重逢，小静显得特别兴奋，她特别骄傲地告诉我，她的学生都很喜欢她和她的课，正如她当年喜欢我一样，她为自己的这份职业感到骄傲，也会更努力地规范自己，为学生做好典范。听了她的话，我特别感慨：这就是师德的魅力。

在教育中，一切师德要求都基于教师的人格，因为师德的魅力主要从人格特征中显示出来，教师是教人怎样做人的人，因此教师首先自己要知道怎样做人。教师工作有强烈的典范性，为人师表是教师的美德。教师以身作则，才能起到人格感召的作用，培养出言行一致的人。

（本文2020年8月26日刊登于《揭阳日报》）

高中英语课堂教学的优化策略

高中英语新课程实施至今已有四年了。与旧教材相比较，新教材突出语言的实用性和交际性，侧重学生运用英语能力的培养，且内容丰富，信息量大，旧的教学方法无法适应教学需要。我作为新教材的第一批教学人员，认真学习新课标的基本理念，努力探索，不断尝试，力求将新课标的精神落到实处，提高教学质量。下面谈谈我在教学中的一些方法，希望能起到抛砖引玉的作用。

一、层次教学法

首先，在课堂上要以学生的发展需要为中心，充分体现学生的主体作用，使整个课堂教学过程成为学生自我学习、自我探索的过程。具体做法是：结合学生的平时学习状况、考试成绩、智力水平、认知能力等把学生分成A、B、C三类。A类为学有余力的学生；B类为学习有困难的学生；C类为能力差的学生。在教学过程中，根据这三类学生的不同情况，对同一教学内容设定不同层次的要求，在课堂教学中多设台阶，注意在学生"最近发展区"教学。对这三类学生可以提出不同的要求，A类学生要把语言运用于交际中，以完成语言教学的最终目的；B类学生要掌握最基本的知识和技能，并能灵活运用；C类学生要对所学知识在识记的基础上，在具体的语言环境中去理解记忆。比如，在课文阅读教学中，要求A类学生能用自己的话熟练复述课文；B类学生能背诵全文或重要句子，能充分理解文章；C类学生能熟练阅读课文，明白文中所讲的内容。课外阅读时，让A类学生阅读篇幅较长的、生词偏多的文章，B类学生阅读一般难度的文章，C类学生阅读一些较简单的文章，使他们的阅读能力在不同层面上得到提高。学生学懂、学会，获得成功感，学习兴趣也就随之提高了。还有，同样的题目，A类学生可能得优秀，B类学生可能得良好，C类学生或许只能得及格。评价的异步使A类学生从中看到自己的进步，从而更加努力学习，而B、C类学生为避免得低分也不得不提高对自己的要求。这样，各类学生都得到了相应的发展。

其次，精心设计课后作业，按学生层次规定必做题和选做题。必做题是巩固型练习，选做题属综合提高型练习，学生可以根据自己的能力决定是否完成选做题。每一单元课内作业的必做题是课本的翻译练习，选做题就是用本单元的重点句型、词组造句。这样不仅提高了训练的针对性和实效性，也激发了学生向更高目标迈进的欲望。对那些成绩差的学生要进行耐心的辅导，这一层次的学生普遍缺乏学习的主动性、自觉性，而且没有科学的学习方法和良好的学习习惯。对这一层次学生的辅导，一方面，我都是当面指导他们解决作业中感到困难的问题；另一方面，每次测试后，我都会及时帮他们分析总结，查漏补缺，肯定他们的点滴进步，不断增强他们学习的信心。

事实上，我们每个人都存在着差异。高中学生来自不同的初中，不同的家庭，有着不同的生活背景、家庭背景、学习背景和社会背景，所以除了智力差异外，非智力因素方面的差异也制约着学生的学习状况。有差异就有不同需求，只有多样化，才能满足不同需求。因此，我在教学中因材施教，不搞平均主义，不搞"一刀切"，而是根据学生的特长、兴趣和爱好设计形式多样的课堂活动，并且给学生留有空间和时间，使他们每个人的个性特长都能得到发展，能在原有的基础上都得到提高。

二、分项训练法

此方法最有利于学生单项能力的提高，进而使学生全面提高英语成绩。目前，普遍存在的问题是课堂上教师讲的知识点、语法、句法，大部分学生都懂了，学会了，单词也背会了，但是考试就是得不了高分。原因是学生没有把所学知识转化成能力，也就是说，懂了不等于会了，知识不等于能力。从2007年广东高考英语试题题型结构可以看出，其重点在语篇层面考查学生的语言综合能力，强调语法知识在实际语言使用中的正确运用。为此，我们在教学中应当重视培养学生的语法整体意识，提高在实际的语言使用中（如在阅读和写作过程中）正确运用语法知识的能力。

（一）提高听说能力

首先，定时进行高考听力仿真训练。方法是先让学生听一遍录音，并根据听到的内容进行小组讨论。接着让学生听第二遍，验证集体得出的结论。在讨论的过程中，大家各抒己见，互相启发，这样做既有助于听力和理解能力的普遍提高，为完成听取信息部分打好基础，又大大增加了学生口头练习的机会。

其次，针对题型训练听力技巧。听力材料大致有两种：一是对话；二是独白。考查项目一般有人物身份和职业、人物关系、事件发生的场所及背景；说话者的意图、观点、语气和态度；计算时间、日期、金钱、重量；等等。那么，在听的过程中，一定要先把握时间、地点、人物；然后有目的地边听边针对问题寻求答案。

（二）提高语言综合运用能力

完形填空和语法填空都是对学生语言综合运用能力的考查。完形填空主要考查学生是否理解并掌握词语在特定语境中的用法、篇章结构的衔接和篇章意义的连贯；而语法填空重点考查考生的语法基础知识和应用能力，要求他们具备较好的语法分析能力，即以分析句子结构为主，兼顾篇章的连贯。此项能力训练主要渗透在日常教学中。例如，在教学词汇时，可让学生根据文章上下文猜词，或用思维导图引导学生做语义联想活动，或是把课文"改装"成语法填空……总之，要让学生在语篇中学习词汇，在语境中体会词义，在使用中形成语感，在实践中提高语用能力。

（三）提高阅读能力

第一，提高阅读速度。通过扫读已知文章体裁，有意识地找出文章的主题句和段落的主题句，从而了解文章全貌，厘清层次关系，把握文章主线。大多数主题句是段落的起始句或结束句。

第二，提高阅读技巧和水平。有时候文章读懂了，不一定能答对题，所以，我们一定要先分析阅读理解题型，主要有四种：猜测词义、推理判断、细节理解、深层理解（包括主旨大意、逻辑推理等）。然后针对不同类的问题如何回答进行研究。以细节题为例，2007年高考题中阅读理解第三篇的三道小题都属于细节题，这类阅读学生练得也很多，判断出题型后，只需对文章扫读一遍或者去找答案即可，既省时间又准确。

阅读理解在高考中占据很大比重，而且越来越注重能力的测试。让学生掌握正确的阅读方法是阅读教学的主要目的。只要我们坚持训练学生的词语猜测能力、难句理解能力、细节把握能力、分析推理能力，并使其养成良好的阅读习惯，培养阅读策略，再通过大量实践，就一定能提高他们的阅读理解水平。

（四）提高写作能力

由于受汉语的影响，学生的习作中经常出现汉语式结构，造成冗言，甚至不成文。在意义表达上，对一些概念的表达不遵从英语的表达习惯，而按中国人的思维方式强行组合。由于不明词义内涵，造成词义重复；由于不明句子结构，造成词语堆积，不能形成句子；以及滥用词现象；等等，都严重影响学生的写作水平。不难看出，写作是一个由简单到复杂、由低级到高级的过程，学生的语言能力也从组词成句到谋篇布局逐步完善。在教授课文时，我按英语特点和遣词造句的规则对学生进行口头、笔头表达训练；从选材立意、谋篇布局的角度进行表达方法、表达技巧的指导训练。在课文教学完后，我再提供与课文内容相关的主题让学生进行模仿性写作，使课文整体教学与书面表达"二合一"。有课文作为范例模仿，学生有话可说，能避免犯一些不必要的错误，可取得立竿见影的功效。

三、小组合作法

小组合作法就是把一个大的班级分成若干小组，让大量的课堂活动在小组内进行，每个小组成员轮流当组长。组织安排小组活动要注意好、中、学困生的合理搭配。讨论中，小组成员之间可以互相启发，然后统一观点，最后得出结论。新教材给我们教师提供了很多这样的练习。例如，"In pairs make up a dialogue about..." "Discuss in groups of four and give a report to the class" "Work in pairs" 等。

这种课堂教学方法能有效地调动学生的学习积极性，能培养他们的参与意识，能强化教师和学生之间、学生和学生之间的交流，从而大幅度地增加学生的语言实践活动，快速提高他们的语言运用能力。要提高英语课堂教学小组化的可操作性，还必须做到合中有分，分中有合。在人员组合上，我们既可以把兴趣相同、性格近似、智力水平相当的学生放在一起，使他们相得益彰；也可以组织不同兴趣、不同性格、不同智力水平的学生共同完成一个项目，使他们能取长补短，学会包容。只要组织得法，英语课堂教学小组化一定会取得很好的教学效果。

"教学有法，教无定法。"在教学中，我们要与时俱进，改变以前只有少部分学生能够参与而大部分学生做"观众"的课堂氛围，进而激发学生的学习兴趣和进一步学习的愿望。因材施教能较好地处理面向全体与照顾个别的矛盾，有利于培养优生，转化学困生，从而大幅度地提高教学质量。实现教育教学的最终目标，就是促进学生健康全面地发展。

参考文献

［1］中华人民共和国教育部.义务教育英语课程标准（实验稿）［S］.北京：北京师范大学出版，2002.

［2］何安平.外语教学大纲·教材·课堂教学：设计与评估［M］.广州：广东教育出版社，2001.

［3］海石，雷鸣.英语作文集锦（修订版）［M］.杭州：浙江文艺出版社，1999.

［4］Larry Vandergrift.第二语言听力理解中的学习策略培训［J］.方申萍，译.国外外语教学，2000（4）：24-28.

［5］秦晓晴.第二语言学习者策略研究的理论和实践意义［J］.国外外语教学，1996（4）：1-5.

（本文2008年1月荣获中国教育学会《中国教育学刊》举办的"中国教育实践与研究论坛"征文评比大奖赛二等奖，2008年4月发表于《揭阳教育》）

建构主义理论指导下的英语阅读教学

一、引言

在信息革命和知识爆炸的当今社会，我国同世界各国的交流日趋频繁。英语作为国际语言中的主要语种之一，正被越来越多的人所接受。在我国，英语的教学及其重要性已经被更多的人所认可。但在目前的情况下，我国的大众媒介让我们通过视听途径使用英语的机会是很有限的。这就决定了我们获取英语知识和信息的主要途径是阅读。在英语学习中，阅读起着主导的作用，它决定着听、说、写三种技能的发展和提高。阅读的本质就是了解语言文字，阅读是一项复杂的能力活动。阅读教学的根本任务就是要使学生形成和发展这样一种能力，不断提高学生的阅读能力是英语教学的一项重要任务。2007年的高考新题型中，阅读仍占40分，但替换单项选择的语法填空及阅读所给材料再根据要求写作的读写任务，都与学生阅读能力的高低息息相关。由此可见，随着课程改革的不断深入，探求新的阅读教学模式已刻不容缓。

二、问题的提出

阅读是中学英语教学的核心内容之一。虽然课后进行针对性的阅读，扩充词汇量，扩大知识面，通过广泛阅读来训练学生的答题技巧，提高学生分析事物的能力固然是培养阅读能力行之有效的方法，然而，课堂还是学习知识、培养能力的主战场，是学生进行英语实践活动的大舞台。学生的阅读能力大多从教师指导下的实践活动即训练活动中获得。纵观当前的英语阅读教学，仍普遍存在着重视知识学习、轻视能力训练的现象。具体表现如下。

（1）部分教师的教育理念陈旧，无法适应新课程的要求。新课程要求我们从以知识为本的教育理念转变为以学生发展为本的教育理念，以培养学生的实践能力和创新精神为目标，共同为学生的终身发展打下良好的基础。但是，很多教师仍是新教材老教法，喜欢"满堂灌"，整堂课基本上是教师滔滔不绝地讲，学生几乎没有自己分析、自己思考的时间，更谈不上自主学习和创新精神了。

（2）误把知识的传授当作能力训练，重视学生对词语、句子的掌握，而忽视学生把握具体语境理解词义的能力；重视句子成分、结构关系的语法分析，而忽视让学生运用语法知识去分析句子的含义。很多教师把阅读课定位成语法分析课，总是按理解课文内容→总结中心→逐段概括→词语讲解→语法分析的模式进行教学。这种简单化、机械化的教学方法，不但本末倒置，无法实现以学生为中心，发挥他们的主体作用的教育目标，也降低学生阅读文章的兴趣，对学生阅读能力的培养和阅读速度的提高效果甚微。

三、建构主义学习理论在英语阅读教学中的运用

建构主义学习理论（Constructivism Learning Theory）是继行为主义（Behaviorism）和认知主义（Cognitivism）之后出现的教育心理学理论，它较好地揭示了人类学习过程的认知规律。建构主义将教学策略立足于改变学生原有的想法，它着眼于意义的建构（meaning construction）、理解（understanding）以及原有观念的转变（conceptual change）。建构主义学习理论已经成为当今外语教学改革和革新传统教学手段的主要理论基础。我作为新课程实验的一线工作者，认真学习建构主义理论，不断加深认识，结合自己教学的实际情况，大胆尝试，以建构主义学习理论为指导开展教学活动。具体做法如下。

（一）巧设层次性问题，加深对课文的理解

建构主义认为，学习是一个由学习者主动建构知识的过程，而不是被动接受知识的过程。学习者建构的是属于他们自己的知识、对各种问题的观点和见解。使学习者深刻地理解知识并不是要让他们学习更多、更难的内容，

而是提高学习的质量，形成真正的、有效的知识。在阅读课教学中如何培养学生通过已有的知识进行创造性思维，从而逐渐增强学生的阅读能力，教师的提问在此起着非常重要的导向作用。在阅读课教学中，我通常采用如下三种提问方式。

1. 展示性提问

即对课文内容进行事实性、细节性信息的提问。这类问题的主要作用是引导学生熟悉课文的主要内容，促进课堂内师生间的交流，也是进行较深层次的逻辑思维和表达的前提。问题应包含课文主要信息的正误判断，课文的一些细节问题，表层信息理解及一些信息点较明显的WH-HOW等问题。如在选修八 Unit 2 Cloning中可设计这样的问题："What is a clone? How many major uses do cloning have? What are they? What's the problem of Dolly the sheep?"在此类问题中，学生可以弄清文章的结构、内容，对课文有一个整体的印象并获得一些特定的信息。此环节也可以由学生自己发现和设计问题，并相互提问。

2. 探究性提问

此类问题没有现成的答案，要结合个人的知识和课文所提供的信息进行综合分析，目的是让学生理解文章的细节、段落大意及段落之间的联系，弄清作者的写作意图和态度，从而对篇章结构等有更深层次的理解。问题包括推理、概括、辨认细节（直接辨认和间接辨认）、信息主题判断、事实和观点的区分、语段在语篇中的功能判别、归纳、类比、排序、关键词的理解等。通过提问引导学生在认真阅读文章的基础上，多角度进行创造性想象与联想，推想出课文中没有写到但又与之关系密切的若干内容，以加深和拓展对课文的人物刻画与主题表现。例如，在上述课例中，在学生对课文内容有了初步了解后，可设计这样类似的问题：

（1）What are the problems or dangers of cloning?

（2）What is the writer's opinion? Is it in favor of cloning or against it?

（3）Why do you think scientists persevere with animal cloning when it is so difficult?

通过这样的提问能使学生激活思维，开启心智，丰富想象力，久而久之，学生的逻辑思维和分析能力便会逐步提高。

3. 评估性提问

要求学生在理解课文的基础上进行深层次的逻辑思维，并用所学语言知识就课文中的人物、事件、作者未说明的观点、作者的态度（倾向性、情感）等客观公正地发表自己的看法，旨在培养学生阅读后的语言输出能力。要求学生通过课文信息和其他信息的对比，结合自己已有的认知体会进行探索创新。接上例，可根据提供的话题设计一些评估性问题："What is your opinion of cloning? Give a reason."此阶段可以让学生以小组形式展开讨论，发表不同见解（甚至是批判性的观点）。在合作交流活动中，学生各抒己见，相互启发，不断突破自己的思维模式，产生新的观点，进一步培养创造能力和创新精神。

以上三种提问方式，有较强的层次性，由对课文的浅层理解，如人物、时间、地点等情节过渡到对课文的深层理解，如作者的观点和态度，而不是只把重点放在细节上，这完全符合建构主义学习目标，即知识的深层理解。另外，问题的提出应与阅读学习过程相适应，一般渗透在快速阅读、精读、深读几个环节中，但也并非一成不变，我也经常根据具体情况调整提问顺序或方式。

（二）复述课文，培养概括能力

在完成了对课文的整体理解之后，可通过复述课文促使学生由被动学习转变为主动学习。我多采用形象化的图片、表格、关键词等来概括表述文章的主题和篇章结构，为学生复述课文提供线索和向导。这些线索只提供必要的"导一导"，留下足够的空间让学生自说、自练，使学生在亲自实践的过程中活化语言，刺激思维和记忆，培养阅读理解能力和语言运用能力。

（三）采用"点"导法，点明重要语言点

语言点、句子及语法是理解课文必不可少的，但如果把过多的精力花在这些内容的讲解上，就不能突出对阅读理解能力的培养，也不符合新课程标准中所强调的"培养学生综合的语言运用能力"的要求。因此，我们应把课文看成知识的载体，把语言知识放在特定语境当中进行各种有意义的、行之有效的双基训练。在学生对课文内容有一定的了解之后，我并不急于讲解语

言点，而是由学生自己找出难词、难句，或小组讨论解决，或班集体探究，或老师解惑。最后，我采用"点"导法，点明重点、点明词组和句型的关键之处。由于学生自身认知水平各不相同，他们提出的问题也不尽相同，各个层面的学生都能积极参与并思考。这种以学生为主体，自主合作探究的学习方式体现了建构主义中"学习活动必须具有社会交互性"的教学观。

（四）反思活动

反思活动是课内学习的延伸，学生在学完一课的内容之后，结合自己的能力发展反思学习的过程和学习的成果。他们可以通过日记的方式用学过的语言写出所学的概念，对学习过程或学习活动以及学习兴趣等做出评论；可以以课文为话题，借用新学词语展开随心所欲的演讲，将课堂所学转为真实情景的言语交际运用；可以收集并阅读与课文相关话题的课外读物。

四、结束语

用建构主义学习理论指导英语阅读教学，教师与学生的交流更为充分。在课文教学过程中，经过教师精心设计的提问有如"点金术"，开发了学生潜能这块"金子"，打开了学生的心扉，为他们的思维插上翅膀。学生与学生之间也有了更充分的沟通和合作。教师通过小组讨论、提问、辩论等形式，可以促进学生之间的沟通和互动，而面对不同的观点，学生逐步学会厘清、表达自己的见解，理解他人的想法，学会相互接纳、争辩和互助。这样，他们的阅读理解能力也会日渐提高。

总之，英语阅读能力的培养和提高并非一朝一夕的事。在教学中，除了应该注重最基本的课堂教学形式之外，还需指导学生课外进行大量的拓宽知识面的阅读，在实际阅读中不断运用并探索科学的阅读方法。

参考文献

[1]胡春洞，王才仁.外语教学心理学［M］.南宁：广西教育出版社，1996.

[2]赵蒙成.建构主义的教学方法评析［J］.外国教育研究，2002，29（9）：15–19.

［3］王文洲.从高考阅读理解的选材和命题看高中英语阅读教学的价值取向［J］.中小学英语教学与研究，2003（5）：33-35.

［4］张建伟，陈琦.简论建构性学习和教学［J］.教育研究，1999（5）：56-60.

（本文于2007年10月27日发表在中国教育学会外语教学专业委员会会报《学生双语报·教师版》第10期）

提高学生获取、处理英语信息的能力

新课程与旧课程最根本的区别在于理念，新课程的发展核心是新课程理念的落实。高中课标中提出高中英语课程应根据高中学生认知特点和学习发展的需要，在进一步发展学生基本语言运用能力的同时，注重提高学生用英语获取信息、处理信息、分析和解决问题的能力，逐步培养学生用英语进行思维和表达的能力，为学生进一步学习和发展创造必要的条件。

国内外一些学者认为，中学阶段是人生最不稳定、最具多样化个性的时期。这个阶段的学生带着强烈的好奇心进入学习，表现出各式各样的学习技能和策略，他们的记忆力特别强，其思维方式已经从小学阶段的具体形象思维逐步发展到成熟的形式抽象思维。因此，高中课标首次提出要特别注重培养高中学生英语的三大能力，即交际能力、信息能力和思维能力。其中的信息能力和思维能力是以往教学大纲鲜有涉及的。信息能力真的那么重要吗？为什么要关注高中生的信息能力？又该如何提高他们获取和处理英语信息的能力？下面谈谈我的一些看法和在教学中的一些做法。

一、培养信息能力是高中教育的重点之一

在全球信息化的时代，美国、英国、日本、法国等发达国家已经将信息能力确定为21世纪每个公民必须具备的能力。高中课标首次强调培养学生的信息能力，说明学会用英语来获取信息和处理信息将会大大开拓我国国民在地球的生存与发展空间。信息能力的内涵包括了对信息的获取、选择、转换、传递、开发、利用、欣赏以及对其所有权的尊重。然而，培养获取和处理信息的能力最终还是要落实到日常英语教学的各个方面，要通过学习英语

141

基础知识，尤其通过训练听、说、读、写等各项基本技能得以实现。它提醒我们无论是在设计课堂活动还是在评价教学的时候，都应该以培养交际、信息和思维这三大能力为出发点。

二、提高学生获取和处理英语信息的能力

（一）如何通过阅读获取和处理信息

阅读是获取和处理信息的主要途径之一。这里的关键是读物的选择和阅读活动的设计。现以NSEFC（人民教育出版社出版的高中英语教材）必修二Unit 1 Cultural Relics Reading: In Search of the Amber Room的教材设计为例做一探讨。

活动顺序	做事的内容、步骤及形式	阅读技能分解	信息能力分解
1. Talk about the two pictures on pp.1-2	接Pre-reading对世界文化遗产的讨论，让学生看有关琥珀屋的图片，并简单介绍琥珀屋	热身	激活已有的信息以准备接收新的信息
2.During the first reading	要求学生全文通读，可忽略不懂的生词，但要求分辨出哪些段落介绍故事的背景、具体情节和作者写作的目的。例如：Which paragraph gives the background of the story？	略读，分清文中的事实和观点，理解文章结构	根据内容将信息分类
3.After the first reading	首次通读之后思考全文大意及各段落大意	理解大意	通过选择最相关的信息来归纳大意
4.During the second reading	在第二轮阅读之前，提示关于故事的背景、具体情节和作者写作的目的所分布的各个段落标号，要求学生边读边找出相关事实以选出课后五道题的正确答案	了解重点细节	寻找相关信息
5.Applying strategies	第三轮阅读及以后的各种策略应用	——	处理各类信息
5a. Looking for supporting ideas	要求学生从各段中寻找细节性的依据，如对琥珀屋的描述、它的来历及其在俄国的用途等	理解细节	根据大意寻找相关的细节信息

活动顺序	做事的内容、步骤及形式	阅读技能分解	信息能力分解
5b. Discovering the thread of the text	要求学生寻找贯穿整个故事的引线	理解逻辑关系	根据线索提示寻找信息之间的联系
5c. Judge the statements	要求学生根据课文内容对五个句子做出正误判断	分清文中的事实和观点	利用已知信息对整体进行评价
5d. Finding the attributive clauses	要求学生从文中找出定语从句，并区分限制性和非限制性定语从句	理解语言形式	总结语言形式特点的语用功能
5e. Finding context clues	要求学生运用语境猜词的策略将新词的意思表述出来	猜测词义	通过周边的相关信息推断未知的新信息
6. Talking about …	以结对子或小组讨论的形式就如何保护世界文化遗产给出自己的观点	评价和拓展阅读内容	利用已知信息构想和创设新信息

本教学设计有以下特点。

1. 有多层次的活动

首先，训练各种阅读技能，如上表中活动1至4内含的泛读、选读和细读等技能；其次，探究语篇的结构特征和语言形式，如上表中活动5a至5e；最后，拓展性的思考和讨论活动，如上表中活动6。

2. 有深层次的活动

这些活动所体现的教学原则是在读懂内容的前提下探求语言的形式。这里的读懂内容不仅是读懂字面上的故事情节，而且要读懂字里行间甚至字语之外的含义，让学生通过思考实现道德思想上的升华。这里的语言形式的学习也不仅仅是记住某些词汇和语法规则，更是通过各种阅读活动指引学生去注意语篇的信息分布结构、连贯机制和表述的文体特征等。

3. 有多种阅读微型技能的训练

其中包括略读、找读、预测、理解大意、分清文中的事实和观点、猜测词义、推理判断等，实质上也是交际、信息和思维三大能力的培养，因为每一项活动都是对不同信息的获取和处理过程，包括区分、选择、归类、提取、连接和表达等。其中的小组或双人讨论创造了交际的机会，而个人观点表述对于培养学生的语言思维能力很有帮助。

（二）如何处理语篇的内容信息

要引导学生处理好信息，需要教师培养学生对段落信息的高度浓缩和归纳能力。下面的课段是我上的一堂阅读训练课，阅读材料选自NSEFC 选修六 Unit 1 Art Reading：A Short History of Western Painting。这是一篇近六百字的，由五个段落组成的介绍西方绘画史的文章。我在学生通过读标题和小标题并了解了文章大意与写作特点之后，再让学生分组各读一个自然段，并找出各段的中心句。虽然这篇材料难度适中，但信息量较为密集，使学生阅读时感到困难。我是这样处理的：

T：...Read the title of the text and the headings within it. Tell me what the topic of the text is and how the information is organized. Would you like to tell me？

S：It is about Western painting. It's organized ... by ...

T：OK，look at the headings，The Middle Ages，from 5th to 15th century AD ... Then Modern art，from 20th century to today.

S：According to time.

T：Time. Yes，you're right！It is organized in time periods，from earliest to present time. Now skim the first paragraph to find the sentence that tells the readers what the text is going to be about.

…

S：Consequently，this text will describe only a few of the main styles，starting from the fifth century AD.

T：Yes.The last sentence in the paragraph. Look at each period，underline the topic sentence in it. ... what about the first period？Any one？

S：During the Middle Ages，the main aim of painters was to represent religious themes.

T：Right. That is say，the first sentence. Let's go on. What about the second period？

S：The first sentence in this part.

T：Mm，do you all agree with him?

Ss: Yes.

T : Yes，OK. Go on. Period three : Impressionism.

S : The Impressionists were the first artists to paint outdoors.

T: Impressionism and the Impressionists. But during this period，something changed. Look at the sentence : In the late 19th century，Europe changed a great deal，from ... It means these changes also led to changes in painting styles. Do you think so ?

Ss: Yes.

T : And the last one ? Just tell me.

S : Also the first sentence in this part.

T : Also ? Right ? Yes，I think so. We know the text is a historical report. It is structured in a way that is typical of many reports. A feature of historical reports is the abundance of time expressions. To make the text easier to understand，the author has used headings within the text to mark the change to a different time period. In addition，each section begins with a topic sentence which acts as an introduction to the theme and content of that section. So next time，next time when you read a difficult text，what part of the text will you pay attention to ?

Ss: The headings and the first sentence in each paragraph.

T: Yes，read the title and any headings in the text，read the first sentence in each paragraph ...

如上课例所示，一般情况下，我通过提示、启发、鼓励、示范等方式和学生一起找出各段的主要内容。其教学特点就是要不断创造机会让学生动脑筋找答案，并坚持给学生的答案以正面的回应，以此增加学生的自信心。在找出每个段落的大意之后，再总结文中主要信息的分布结构，帮助学生构建起对全文总体内容的把握。在接下来的教学活动中，我进一步要求学生分组细读各个自然段，把其中的重要信息依照下表中的提示摘录下来，并准备口述各段大意。这个活动既培养了学生对重要和非重要信息的区别与筛选能力，又培养了学生将关键词扩展为段落大意的信息转换能力。

Styles	Facts
The Middle Ages	The main aim of painters was _____ .Artists were only interested in _____ for God，and paintings from this period are full of _____
The Renaissance	People in this period became _____ and less _____ . Painters tried to _____ as they really were . One of the most important discoveries was how to _____ . People were able to _____ by following the rules of perspective
Impressionism	In the late 19 th century，there were many new inventions and many _____ . These changes also led to _____ . The Impressionists were the first artists _____ . As their paintings were not _____ those of the earliest painters，people hated this new style of painting at first
Modern art	The Impressionists' paintings were _____ but today they are accepted as _____ of modern art . Some modern art is abstract . The painter does not _____ as we see them with our eyes

学生再次阅读并填写与之相关的具体信息，最后根据这些信息做整体复述。其中一个学生对第二个时期（The Renaissance）的大意复述如下：

S：In the Renaissance，people became focused more on humans and less on religion. They tried to paint people and nature as they really were . People discovered perspective and oil paints were also developed .

显然，这个学生在复述课文时并没有照课文背诵，而是根据所给的关键词归纳该段的大意。他仅用33个单词就把160多个单词的课文浓缩起来，并能把握住该段最重要的信息。

可见，阅读训练中要培养的信息能力包括对信息的理解和重组，而不是简单的重复和重现。

（三）如何收集相关信息进行写作

写和说同属表达性、输出性技能，但写与说有很多不同，它是运用语言传递书面信息的手段，要求语言更加准确、规范和有效地传递信息。这就要求学生具有较强的思维能力和表达能力。在现行的NSEFC中的写作练习包括有指导的程序写作和功能性写作或自由写作。程序写作常与听、读和说紧密联系，而且给予学生比较详细的指导，甚至指明了写作的步骤和方法。而功能性写作则要求学生接收信息、收集信息、理解信息和处理信息，再准确地表达信息。因此，学会收集信息也是学生必须掌握的能力。

学完了NSEFC 必修五 Unit 1 Great Scientists，为使学生学会像科学家一样做人做事，我提出这样一个问题："What quality do you think a scientist should have?" 要求学生分成四人小组进行讨论，每组至少要给出四个形容词作答。经过三分钟的讨论交流后，学生们找很多形容词：careful，creative，patient，perseverance，clever，strict，... 接着，我让学生写一个他们最熟悉或是喜爱的科学家。在指导学生写作的过程中，我组织了一系列收集信息的活动。

1. 与学生一起构建撰写人物生平的信息框架

Items	Personal information
Name	
Nationality	
Year of birth	
Occupation	
Education	
Dream	
Achievement	
Hobbies	
The reason I like him/her	

学生确定自己要写的科学家，完成上表。

2. 指引学生选择相关的语言表达形式

让学生从上述形容词中选择与自己所写人物相吻合的词。

3. 组织学生互相交流信息

学生以两人小组或四人小组的形式互相交流，分享各自的思考，也可以为他人纠错。

4. 发动学生在课外广泛收集相关信息

仅靠信息框架中的信息去完成一篇文章是不够的，因此，我让学生在课外继续收集相关信息，可以从杂志、报纸或网络上等查找。

总之，要提高学生获取和处理英语信息的能力并非一朝一夕的事。我认为课堂教育应顺应英语教学发展的新趋势：学生活动为主，运用中学习；学以致用，边学边用。注重信息量，注重学生的语言综合运用能力和实际写作能力。只有这样，才能逐步提高学生获取和处理英语信息的能力。

（本文2006年8月发表于《学生双语报·教师版》）

从"心"开启高中新生活

亲爱的2021级同学们，开学第一周过去了，初次体验高中学习生活，你的感觉如何呢？

对于全新的生活环境、快节奏的新课程、丰富有趣的社团活动，很多同学既好奇又兴奋。在体验新鲜感的同时，新生活的压力和考验也在慢慢浮现。为了让同学们更快、更好地适应高中新生活，针对同学们可能遇到的问题和困惑，资深班主任给大家支着啦！

一、适应新的角色定位

物理学中有个概念叫作"参照物"，选择不同的参照物来描述同一个物体的运动状态，可以得出不同结论。有些同学来到二中会觉得自己不像以前那样优秀，正是因为我们的参照物，确切地说是我们参照比较的同学发生了改变。所以，也许不是你不优秀，只是你的周围都是和你一样优秀的人。

我们对自我的认识不仅来自他人的评价，更多来自自我的评价，所以高中生涯开始，我们应该学会全面地认识自己，多做自我的纵向比较，少做同学之间的横向比较。

无论过去怎样，无论你来到二中是有"优越感"还是有"失落感"，我们都应该将它"归零"。面对新开始、新起点，我们应该以一个全新的姿态拥抱高中生活，塑造更加优秀的自己。

二、适应新的学习节奏

（一）初中、高中学习差异大

与初中相比较，高中课程学习量骤增，难度大大增加；从初中"细嚼慢咽"式的课堂教学，一下子到高中大容量、快节奏的教学风格，许多同学会明显感到不适应，思维速度跟不上教师的讲课节奏。

我们需要从被动学习变成主动探索，预习、学习、思考、复习一个都不能少，单凭死记硬背已经不能帮助我们掌握知识内容。如果我们还采用自己初中的学习方法和学习模式，或者没有理解而仅凭记忆，就会感觉跟不上节奏，学起来比较吃力。

（二）掌握新的学习方法

同学们要主动去了解高中各门学科的学习方法；多与老师和同学进行沟通，遇到不会的、不清楚的问题要及时解决，避免问题堆积，越学越困难；同时要培养、提高自身的自学能力，科学地分配学习时间，主动地管理、安排好自己的学习内容。

具体方法有以下几种。

1. 学会质疑

会质疑就是能够提出一些问题，老师讲这个东西，在讲的时候甚至讲之前我们就已经想到一些问题。

2. 举一反三，触类旁通

灵活地掌握所学，要吐故纳新，消化吸收。学新知识的同时把之前的有关知识再复习一下。

3. 学会积累

在课堂聆听的基础上，学会主动积累相关知识，整理学习笔记，学会画思维导图，使学习条理化、系统化，做到连成线、组成网。

4. 学会总结

总结考试经验教训，及时调整和改进学习方法。

三、适应新的人际关系

（一）高中交友需求的变化

到了高中，很多同学感觉到与同学们建立关系变得困难了，其实，这是因为随着我们的成长，我们需要的已经不再是"玩伴"，而是更多地希望从朋友、周围的同学那里获得心理支持和理解。我们对于人际关系的认识发生了变化。

（二）积极主动有技巧

在心理学中有一种现象叫作"首因效应"，也称"第一印象效应"。在刚刚接触新同学、新老师时，我们可以利用好"首因效应"，比如，你可以尝试做到以下几个方面。

1. 尽快记住新同学的名字

如果你可以在很短的时间内把班级中的同学名字记住，就会让对方觉得受到重视和尊重，这是建立起新的同伴关系的前提和开始。

2. 积极主动，互相帮助

初来乍到，身边的同学其实都渴望着相互熟悉，成为朋友。你可以积极主动一些，展露微笑，勇敢地先"迈出一步"，多和同学进行交流，在班级同学需要帮助的时候自告奋勇。

3. 用心倾听，寻找共同

认真倾听是个非常不错的交友策略，会让对方感到自己被理解、被接受。同时可以去发现彼此共同的兴趣爱好，寻找到共同点和共同话题，这样更容易产生共鸣，成为好朋友。

4. 理解包容，换位思考

建立友谊的初期，难免会遇到一些小摩擦和小分歧，这时同学之间的相互理解、相互包容就显得尤为重要。用你希望别人对待你的方式去对待别人，站在他人的角度去看待问题，相信你与同学之间的关系会非常愉快和融洽。

5. 建立和谐的师生关系

可以尝试多和班主任、各任课老师进行沟通，积极主动地参与到课堂活动当中，让老师可以更了解自己，从而更好地掌握自己目前的学习状况，也让自己能够关注到老师和蔼亲切的一面。

四、适应新的住宿生活

（一）适应心理断乳期

高中阶段，同学们正处于"心理断乳期"，独立意识逐步增强，渴望摆脱父母的管束，拥有独立自主的决定权。但事实上，在面对许多复杂的矛盾和困惑时，同学们内心深处依然希望得到父母、老师的理解支持与照顾保护。

到高中以后，我们需要逐渐学会管理自己的生活节奏、学习时间，进而学会管理自己的情绪，这对我们以后的成长是非常必要的。

（二）独立自理，宽容有度

在新的集体生活中，我们可以做到以下几点。

1. 守时、遵规

调整生物钟，主动适应规律的作息时间；遵守宿舍管理规则，与生活老师、宿管建立和谐关系。

2. 多动手、少抱怨

主动参与寝室的清洁卫生，保持整洁的寝室环境；接纳宿舍条件的局限性，花点心思装点自己的生活空间。

3. 懂宽容，同进步

与舍友生活在同一屋檐下，难免会有小摩擦，请主动沟通，友善表达，避免发脾气。可以与舍友共同制定宿舍公约，共同营造良好的学习休息氛围。

五、主动寻求帮助

面对新环境，难免会产生一些焦躁不安、苦闷抑郁、孤独自卑的情绪和心理，必要时请寻求心理老师的专业帮助。倾诉是一种十分有效的疏导方法，它能将不愉快的情绪宣泄，减少心理负荷。当然，除倾诉之外，还可以做自己最乐意做的事情以迁移不良情绪。例如：

轻松的音乐

适当的运动

倾心的聊天

新鲜的空气

美丽的风景

诙谐的幽默

……

亲爱的高一"小萌新",高中正是人生的成长探索阶段,高中生活是丰富多彩的,让我们从高一做起,从心理适应做起,维护心理健康,促进学业进步。相信,我们每一位迈进二中校门的高中生都能心盈阳光,追逐梦想!

步步寻往迹，有处特依依

——记揭阳第二中学学子大兴安岭研学实践活动

为了贯彻执行广东省教育厅等十二部门联合印发的《广东省教育厅等12部门关于推进中小学生研学旅行的实施意见》（粤教思函〔2018〕71号）的精神，根据大兴安岭地区行署教育局、揭阳市教育局《中小学生研学旅行合作意向书》的协议，经市教育局研究，决定由揭阳第一中学、揭阳第二中学组织学生到大兴安岭地区研学实践教育营地开展研学实践活动。2019年8月16日，省名教师工作室主持人李秀嫒老师作为揭阳第二中学研学团领队，与一位男带队老师、一名校医带领22名学生连同揭阳第一中学师生29人开启为期8天的"红色传承 探秘北极"大兴安岭研学实践活动之旅。

研学即研究性学习，国际上统称探究式学习（Hands-on Inquiry Based Learning）。研学旅行是研究性学习和旅行体验相结合的校外教育活动，是学校教育和校外教育衔接的创新形式。研学旅行继承与发展了我国传统游学、"读万卷书，行万里路"的教育理念和人文精神，成为素质教育的新内容和新方式。开展研学旅行，有利于促进学生培育和践行社会主义核心价值观，激发学生对党、对国家、对人民的热爱之情；引导学生主动适应社会；有利于促进书本知识和社会实践的深度融合，培养创新人才，推动全面实施素质教育。

作为揭阳市首批出省的研学团，李老师高度重视此次活动。出发前，李老师对学生进行分组，将22名学生分成四个学习小组，每个小组推选一位组长，组长在途中将协同完成各项研学实践任务。同时，李老师指导同学们通过查阅资料，对将到之处的自然、历史和人文等做好初步了解。

研学之旅主要分为领略北国独特风光、了解北方人文历史、探索地域特色文化、体验团队协作氛围四个重要部分。

一、领略北国独特风光

我国幅员辽阔，南北差异大，旅行中，无论是饮食起居、气候变化还是风土人情，都给研学的学生留下了深刻的印象。游览全国唯一一个城内原始森林公园——漠河松苑公园，在大自然的天然氧吧里身心得到净化；踏足祖国的最北端，站在北纬53°，感叹祖国山河的宏伟；游玩百泉谷，穿越原生态森林，认识了各种千奇百怪的植物……

游览漠河松苑公园

中国最北——北极村

二、了解北方人文历史

中华文明源远流长。黑龙江地域辽阔、资源丰富，有着悠久的历史和灿烂的文化。参观拓跋鲜卑文化园，研学拓跋碑文及嘎仙洞内石坑、岩体结构，了解拓跋鲜卑族历史。参观五六火灾纪念馆，了解五六大火成灾、扑火、救灾及家园重建和生态建设的全过程，增强学生保护原始森林的意识，使学生将环保的使命牢记在心。

拓跋鲜卑文化园及嘎仙洞

三、探索地域特色文化

走进北极民俗文化园，参观三馆一园，了解极具地域特色的北极文化、鲜卑文化、辽金文化、鄂伦春民族的古代北方历史文化生活。一个个动人的故事、一件件带着历史烙印的展品，都深深地印在了同学们的脑海里。

北极民俗文化村

四、体验团队协作氛围

8天的研学生活，让原来不认识的同学们过集体生活，学会了和谐相处，打成一片，有自己的研学小组，一起讨论问题。在布苏里北疆军事基地，大家团结协作完成军事拓展训练；分组研学地下油料库、元帅楼、北国第一哨

159

等，对相关知识进行有奖竞答；晚上篝火晚会，同学们载歌载舞；加格达奇航空护林站，你教我学，一起体验模拟飞行驾驶。研学途中的合作、互助，增强了同学们的团队精神和协作能力。

别怕！有我呢！

我们获奖啦!

体验模拟飞行驾驶

结营仪式

　　"步步寻往迹，有处特依依。"大兴安岭研学实践活动，只是一个开始，二中学子们在大兴安岭的所学、所思、所想是他们成长的印迹，将引领他们在锦绣前程中走得更远更好！

解读执行力

一、执行力的定义

何谓执行力？执行力就是按质按量地完成工作任务的能力。

执行力可以理解为：有效利用资源，保质保量达成目标的能力。

在管理领域，"执行"对应的英文是"execute"，其意义主要有两种：其一是"to do something that has been carefully planned（using knowledge as distinguished from merely possessing it）"；其二是"to complete a difficult action or movement，especially one requiring skills"。前者与"规划"相对应，指的是对规划的实施，其前提是已经有了规划；后者指的是完成某种困难的事情或变革，它不以已有的规划为前提。因此，执行力就是在既定的战略和愿景的前提下，组织对内外部可利用的资源进行综合协调，制定出可行性的战略，并通过有效的执行措施最终实现组织目标、达成组织愿景的一种力量。

执行力分为个人执行力、团队执行力和能动执行力。

1. 个人执行力

个人执行力是指单个的人把上级的命令和想法变成行动，把行动变成结果，从而保质保量完成任务的能力。个人执行力是指一个人获取结果的行动能力；总裁的个人执行力主要表现在战略决策能力；高层管理人员的个人执行力主要表现在组织管控能力；中层管理人员的个人执行力主要表现在工作指标的实现能力。

2. 团队执行力

团队执行力是指一个团队把战略决策持续转化成结果的满意度、精确度、速度，它是一项系统工程，表现出来的就是整个团队的战斗力、竞争力和凝聚力。个人执行力取决于其本人是否有良好的工作方式与习惯，是否熟练掌握管人与管事的相关管理工具，是否有正确的工作思路与方法，是否具有有执行力的管理风格与性格特质等。团队执行力就是将战略与决策转化为实施结果的能力。许多成功的企业家也对此做出过自己的定义。通用公司前任总裁韦尔奇先生认为，团队执行力就是"企业奖惩制度的严格实施"。而中国著名企业家柳传志先生认为，团队执行力就是"用合适的人，干合适的事"。综上所述，团队执行力就是"当上级下达指令或要求后，迅速做出反应，将其贯彻或者执行下去的能力"。

3. 能动执行力

能动执行力是指主动积极、想方设法地实现组织目标的能力。这里面有两个关键词：一个是主动积极，另一个是想方设法。这两个词就是"能动"的具体表现。能动的主要含义就在于主动积极、自觉自愿，而非被动和强迫；想方设法，而非等待观望。能动执行力的基本构成就是：①源于内心的自觉自愿；②具有主动性和创造性；③高效率；④真正实现目标。这四个要素是相互联系、相互作用、相互制约的，从而形成了能动执行力的有机整体。自觉自愿是基础，实现目标是结果，主动性、创造性、高效率是途径。没有自觉自愿，就不可能主动地、创造性地、高效率地去完成任务，实现组织的目标；而仅凭自觉自愿也是无法保质保量地完成任务、实现目标的，还必须要有主动性与创造性，要有高效率。

二、学生执行力

执行力在学生学业方面也有着不可忽视的作用。

1. 什么是学生执行力

学生执行力就是学生贯彻教师教学理念、方法策略和方案计划的操作能力与实践能力。学生如何才能学好？本质就是学会执行。学生是学习的执行者，学习的最基本流程是制定目标、贯彻执行、收获结果。

2. 执行力的重要性

任何学习的成功都必然是执行的成功，任何学习的失败也必然是执行的失败。学生间的竞争最终只是执行力的竞争。一个学生的成功，30%靠方法策略，60%要靠执行。也就是说，执行力的高低决定学业的成败。

★为什么看似雄心勃勃的计划总是一败涂地或者不尽如人意？——执行力不足

★为什么好的决策总是一而再，再而三地付之东流？——执行力不强

★为什么刚刚做好，有继续进步的机会了，最终却才进步又退步？——执行力流失

★为什么有时付出比计划多了10倍，结果得到的往往不到应得的1/10？——执行力黑洞

★为什么班级陷入老师怨学生，学生怪老师，班干部怨其他同学，其他同学又怪班干部这样的怪圈？——执行力危机

3.执行力在学校里的体现

在学校里，班级成员在执行中所承担的任务不同。老师担负指引航向的重任。班干部的任务是承上启下、以身作则，带领、引导其他同学去执行班级的战略。其他同学的任务是贯彻执行，把战略化为实实在在的行动，而班级的战略最终结果如何，取决于同学们执行的效果。怎样才能取得更好的效果呢？优秀的执行力的标准是没有理由、全心全意、立即行动。

4.执行力问题的典型表现

（1）许多同学常常是理想、憧憬、计划一大箩筐，议而不决，光说不练，流于"假装学习"。

（2）学习虎头蛇尾，不能一以贯之；学习计划朝三暮四，没有定准。

（3）缺乏科学的自我检查和自我奖惩制度。

（4）不听师训，方法不当，南辕北辙。

（5）徘徊犹豫，坐失良机。

5.如何解决执行力问题——缔造执行文化

成功地明白问题何在，就已经解决了问题的一半。

一个真正优秀的学生，一定是奉行"执行文化"的学生。所以，根本的解决之道是建立一种执行文化，让所有文化的终极——执行文化来影响执行者，也就是所有学生的意识，进而改变学生的心态，最终让执行者自觉改变

行为。而这是需要我们所有人去共同努力、奋斗才能达成的。

6. 如何建立我们的执行文化

★所谓执行文化，就是把"执行"作为所有行为的最高准则和终极目标的文化。

★我们所要倡导的执行文化就是：紧跟老师，坚决执行；认真第一，聪明第二；监督有力，赏罚分明；锁定目标，简单重复。

★对于学生而言，没有任何借口，全心全意立即行动。（要走出自我中心主义）

★执行的典范：《没有任何借口》一书认为，西点人最优秀的地方在于，他们不仅牢记"没有任何借口"，而且善于在不找借口之后"主动工作、完美执行"。正是这种"主动性"和强大的"执行力"保证了西点人在面对任何困难时，不仅勇敢、敬业，而且有能力、有办法、有信心"100%完成任务"。

★班干部需起到承上启下、上行下效，带领、引导同学去执行班级战略的作用。请各位班干部扪心自问：你有没有真正去关心过你的同学？在同学碰到问题时，你有没有耐心地帮助过他们，和他们一起去探讨问题、解决问题？在具体执行时，你起到的作用是什么？……

★做一个有坚定决心的人。

执行的关键前提是决心。只要下定决心，执行力就至少被激发出了大半。当整个团队都被激发出坚定不移的决心时，我想我们一定是所向披靡的。

目标：确立一个目标，平时用考上重点大学的心态去要求自己，不能遗漏任何一个知识点。不能让任何事情影响自己，只想学习上的事。

拼劲：努力并不仅仅是完成作业，而是要真正理解并熟练掌握每一个知识点。

案例：

一个农夫和他三心二意的故事

有一个农夫一早起来，告诉妻子说要去耕田，当他走到40号田地时，却发现耕耘机没有油了；他原本打算立刻去加油，突然想到家里的三四只猪还没有喂，于是转回家去；当他经过仓库时，望见旁边有几个马铃薯，他想起马铃薯可能正在发芽，于是又走到马铃薯田去；途中经过木材堆，他又记起家中需要一些柴火；正当要去取柴的时候，他看见了一只生病的鸡躺在地上……这样来来回回跑了几趟，这个农夫从早上一直到夕阳西下，油也没有加，猪也没有喂，田也没耕。最后什么事也没有做好。

★做紧跟老师、敢于承担责任的人。

① 行为是思想与实际的具体连接点。紧跟老师、敢于承担责任这种思想像空气一样弥漫在班级的每一个角落，它将形成一种最适合学习的氛围。

② 师生、班干部与其他同学互相沟通，建立起信任和相互欣赏的关系，达到类似于心有灵犀的朋友式的境界，这样，执行将更加彻底。

③ 不将学习不好的责任诿过于人，不假装学习，实则不动脑筋、不全心投入，敷衍塞责，自欺欺人。敢于承担责任的文化会培养每一个人豁达的胸襟。这种胸襟会使人更敢于面对现实，让人变得更加真诚、大气和善于学习，培养出一种卓越的学习心态。

三、思考

作为一名即将进入高三毕业班的高二学生，你是如何看待和执行学校提出的珍惜时间、高效利用周末的倡议？

四、总结

"执行力"可以应用到我们生活的方方面面。简单地说，就是把想要做的事转变为行动，然后通过行动得到想要的结果。生活中，我们每个人都有自己想做的事，也可以说有自己的梦想和目标，梦想和目标让我们的前方充满希望，充满神秘的色彩。在习近平提出中国梦后，其迅速得到广泛认同，引发人们强烈的情感共鸣。中国梦，是中国人民的梦，是中国人民共同创造、共同实现美好生活的共享之梦。没有梦想的生活是苍白的，可是有了梦想却不付诸行动同样无效。由此可见，执行力在实现梦想的途中起着多么举足轻重的作用。每一个有梦想的人，只要有了足够的执行力，就一定能到达梦想的彼岸，只是时间早晚的问题。让生活因为梦想更加精彩，让梦想因为行动而更加灿烂！

上善若水，以生为本

——班级管理之我见

以生为本，就是要全程关注全体学生的全面发展。在以生为本理念指导下的班级管理体制，不仅是为了管理，更是为了服务于学生的发展，不仅是为了"成事"，更是为了"成人"。在这样的管理体制中，每一个班级成员都有机会主动参与班级事务，并以此为基础共同形成班级生活规范，自觉接受班级制度，自下而上地生成活泼而又有序的班级生活。

为了营造以生为本的班级文化，我做了以下探讨和实践。

一、确定班级发展目标

本学期伊始，我引导学生自主策划班级发展主题，发动学生一起思考，共同参与。我主要让学生思考以下几点。

班级定位：我们班是一个什么样的班级？

目标责任：对于这样的班级，我能为它做什么？

目标方法：做正确的事和正确地做事。

目标周期：长期目标、中期目标、短期目标。

接着，我按照如下操作程序开展活动：每个同学思考并写出班级现状及发展思路；六人小组交流、讨论、辨析、提升，由小组长执笔总结小组的活动情况；大组交流、讨论、辨析、提升，由大组长执笔总结大组的活动情况；三个大组再由一位代表展示他们组的成果。最后，通过全班同学充分交流、辨析后，他们确定了如下班级发展目标："希望我们班能成为一个团结、有较强凝聚力的、有良好班风学风的优秀班级。无论是在学习上还是在生活上，我们都会互相帮助，在和谐温馨的氛围中，共同进步，创造一个不一般的班级"。

二、组织实施，学生自主管理

在设立班级岗位时，我引导学生根据班级需要，民主推荐班干部。班干部的选拔，要通过自我推荐、发表竞选演讲，然后经全体同学的无记名投票产生，任期为一学期，期满后再根据班级实际情况实行轮换。班干部选定之后，明确各人的职责范围，强调分工合作，共同做好班级的日常管理工作。我对于班干部的培养主要做到：严要求、树表率；交任务、压担子；教方法，讲激励。到学期的第五周，班干部基本上能按部就班地做好班级工作，实行自管自治。这样，让学生在接受管理中学会了自我管理。

三、学风建设，营造和谐的成长环境

加强学生行为规范教育、培养学生良好的生活习惯，以规范的行为习惯带动良好的学习习惯。在创设稳定、有特色的班风学风方面，我坚持第一效应：好的开头是成功的一半。它包括第一件事、第一节课、第一个主题、第一个会议、第一个星期、第一个月、第一个学期。我创设积极向上的班级环境，使学生形成相互支持的人际关系，心灵相互滋养。

四、班级活动系统化，注重全体学生的参与性

在设计班级活动时，将学生内在发展、可持续发展的需求置于主题活动的核心地位。班会的形式、内容、流程设计、活动的实施由学生共同参与、民主决策。在活动中，强调教师的辅助性、指导性，突出学生的参与性、主导性。本学期，我班已开展了两次由学生自行组织设计的主题班会，学生在活动中体验生活、体验快乐，他们也得到了自我提升的机会。

每一个学生个体的成长都需要尽可能被充分地关注，从而使他能在这个复杂变化的世界中掌握自己的命运，并在主动参与创建更合理的集体的过程中，最大限度地发展自己的潜力。让我们努力为学生创造这样的机会吧！

提高英语学习动机策略

学习动机是英语学习者能否达成目标及成功学习的关键。单靠内部动机或者外部动机都不能维持长久的学习动力，它是多方面因素共同作用的结果，并不是所有形式的动机都能达到相同的学习效果。教师所能做的就是帮助学习者发现他们自己的学习动机，并采取不同渠道与方式，充分地调动学生的学习主动力，让学习者主动学习，体验参与学习过程的乐趣。帮助学生树立适合自己的学习目标，达成目标的成就感同时会激发"内部的学习兴趣"，从而使学生更有动力去接受新的知识。除此之外，教师也要注意营造和谐的学习环境，降低学习者的情感障碍，让学习变得更有趣，让课堂充满活力，综合各种策略让学习者达到最佳的学习效果。

一、认知策略

在学生的认知方面，教师可以指导学生从确立合理的学习目标、提升自我效能和培养积极归因三个方面去培养学生的学习动机。

（一）确立合理的学习目标

1. 鼓励掌握型目标

在学习中，学习者们通常有两种重要的发展总体目标：以把握学习内容为主要目标定向的学习发展总体目标和以业绩为主要目标定向的成功发展总体目标。具有学习发展总体目标的学习者，不管自己面临多大的障碍，依然能够坚持学习、钻研，并且总是在积极地追求各种挑战，持续地努力提高。学习者们首先关心的是把握学习的具体内容，并不在意与学员的业绩和班级上别人的业绩比较。而有一定业绩发展总体目标的学习者，则把注意力聚焦在自己的行动体现和别人对自己业绩的评判上。当学习者在评估自己的学习情况时，通常并非关心自己学习了多少或自己做出了什么努力，而是别人怎样对待自己的业绩及自己的分数在班上的排名等。这一类学习者通常尽量避免错误，逃避挑战，不敢探险，甚至知难而退。因此在教学中，教师要积极引导和鼓励学生树立掌握型目标。

2. 合适的目标定向

指导学生制定学习目标时，教师应该充分尊重学生的意愿，在了解学生的想法和实际需要后，和他们一起制定学习目标。制定学习目标要注意以下几点。

（1）目标任务要明确具体。

教师在引导学生制定学习目标时，学习的目标与任务都应当清楚具体，而不是模糊笼统。比如，目标不能设定为"我会更加努力学习"或"我将增加我的英语词汇量"。如果在制定增加词汇量的目标时，具体到学习记忆哪里的词汇，每天学习掌握多少新单词，用什么策略和方法学习这些词汇以及怎样检查和评价自己每天是否实现当日目标，并且将目标明确写出来。这样效果会更好，因为目标越具体越能有效保证目标的实现，从而越具有激励性。

（2）目标要有一定的挑战性。

设置的学业目标不但要具体清楚，还要富有挑战性，即目标具有相当的难度而又使学习者可以通过努力实现。学生通过教师的指导和自我分析相结合来制定这样的目标。

（3）目标要有时限性。

目标的时限性就是指目标是有时间限定的。只有具有确定的截止时限，即一项目标只能在规定的时限内完成才有意义。给目标一个明确的完成日期，这样才会帮助学生集中精力更好地去实现目标。

（二）提升自我效能

自身效率指人对自己是不是可以顺利地做出某一胜利行为的主观评估，它和自身能力感是相同的。一般而言，胜利会提高自我效率，但不断的挫折也会削弱自身效率。国外已有许多研究成果证实，自身效率和学业成绩呈现正向相关性。同时，在实践中采取相应的办法和举措也是有助于改善与增强高中学生的自身效率的。日常教学中，教师可以从以下两个方面去帮助学生提升自我效能感。

1. 重新认识自身，树立正确的自身定义

不少中小学生，特别是学业成绩较差的中小学生，由于对自身的学业实力持有质疑心态，从而显示出很低的自我效能水平，在学业中放弃了尝试和做出相应的努力，从而严重影响了学习成绩。教师能够通过给学生选择难易适中的任务，使学生获得持续的成功体验，从而提升自身效能水平。然后，让学生发现一些和自己差不多的学生获得了成绩，利用获得替代性经验和强化来提升学生的自身效率，让他们相信自身也有潜力进行一定的学习活动，以此促进其学业的完成。

2. 鼓励自主强化

自主强化即个人自行控制强化事物的强化过程，即强化事物并非由外人所施与的，而是个人自行给予的。比如，人在经过一个时期的努力工作实现了自身所设定的人生目标之后，自行安排了一个假日，出去旅行。学生在经过刻苦的努力，学习成绩有所提高之后，可以选择去看一场球赛或是一场电影。这都是对自己所安排的奖励，能够达到增强期待的行为的效果。

（三）培养积极归因

基于学习动机的归因理论和相关研究成果将学生学习失败的因素主要归为能力、勤奋、运气、任务困难、别人的帮助、情绪因素等。不同的归因方法对学生日后的学习活动与成效将产生巨大的影响。如果将好成绩归结为内在原因，则学生会增强自豪感，会更积极、主动地学习。将胜利归属于控制原因则形成满足，归属于不控制原因则形成幸福或感动；将挫折归属于控制原因则形成羞愧和负罪感，归属于不控制原因则形成愤慨。在各种原因中，才能与勤奋是两种最重要的原因，将成绩归结为力量，就可以提高个体的自我效能，从而有助于以后的复习与归因；但如果将挫折归结为力量，就会让学生轻易抛弃力量，久而久之，就会显得无助、淡漠、听之任之，乃至破罐子破摔。

由此可见，学生在课堂中开展挫折归因练习是十分必要的。由中国学

者隋光远教授发明的积极归因训练教学模式是改进学生不恰当的归因，提升动机的一个行之有效的路径。积极归因训练包括两层含义，第一层是"勤奋归属"，不管胜利或挫折都可以归为勤奋与否的结果。因为，学生把自己的结果归结为勤奋与否才会提升学习的积极性。在学业困顿或业绩不佳时，学生都不要因为一时的挫折而减低对将来取得成功的希望。第二层是"实际归因"，根据几个具体问题指导学生进行实际归因方式研究，并帮助学生剖析除了勤奋工作这个原因以外，影响学习结果的主要原因还有什么，是智商、学习方式，还是家庭、学校教育等。学生分析上述原因在多大程度上直接影响了其学习结果，并尽量提出克服上述问题的办法，以培养对抗困难的决心，从而增强信心。

二、情感策略

在课堂中，进行情感教学策略是培育学生正面的情感心态、消除学生消极的情感心态，从而促使学生健全人格发展的主渠道。英语教学中，应针对学生情感影响的含义和目标、对学生的个别影响，以及学生与学校之间、学生与教师群体间的情感影响，建立并实施情感教学策略以使学生形成动力、培育信心、引发兴趣、促进群体关系，从而调节各种情感影响。

（一）培养学习动机，增强学生的学习力量

培育学生动机是英语教育的重要任务。没有动机的学生群体没有向前的驱动力，就很难获得成功的结果。因此教师需要因势利导，在课堂教学方法上下功夫，使用有形象性、生动性、参与度、表现力等学生喜闻乐见的教育手法，以创造良好的教学环境，促使学生更加喜爱英语课程、喜爱英语教师。这种做法避免了由于思维方式简单单调、教学内容枯燥乏味、见不到学生的进步而使得他们逐步失去学英语的兴趣，从而错失培养学习动机的良机。

学生融合型动机的好坏，直接影响着其学习成绩。具备融合动力的学生在课堂上表现得较为积极主动，且具有稳定持续的韧性。目标可以激励人积极，也诱导人发挥创造力。强调学习者目标教育是培养学习动机的主要手段，因此，注重学生的目标教育必须将学好英语同社会发展趋势联系在一

起，同未来社会对英语人才培养的需要紧密结合在一起，以便让学生怀有目标与志向。在学校教育中，既要有群体最高目标，也要有个人的具体培育目标。而对于学习者，教师在确定群体最高目标的基础上，也要协助学习者制定适应个人实际的具体学习目标。

（二）树立学生内心自信，激励学生积极进取

在课堂中渗透信心教学，有助于学生建立信心，并能够激发学生持续开拓进取、努力不懈。自信素质教育的主要内涵分为基本目标教学、理念教学和追求教学。

自信心培育的方法有很多。首先，让学生感受小胜利，有助于学生树立自信。学生在学校中要找到自信的感觉，一半靠自己，一半靠教师。教师能够帮助学生发现自身在学业上的进步，而微小的胜利，如在课堂教学问题、班级任务、家庭作业等方面，都可以让学生形成快乐的心理情感，从而鼓舞他们更为勤奋地学习，并获得更大的胜利。在教学复习、展示、练习、巩固等各环节中，应该使每个学生都从活动中发现自己的特点和优点，改变自我评价，从而提高自信。在课外活动中，对能力较弱的学生实行个别指导，针对性地与他们谈心、沟通，首先确定优势，再说明缺点和努力的方向，从而帮助学生建立自信，战胜认知阻碍，消除心灵、社会心理情感和行动方面的阻碍。其次，帮助学生战胜难题也是学校自信培育的一项重要工作，好的方法就是逐步分解难题，进而各个击破。分阶段地培养教育和发展学生的英语领导才能是学校新教材提倡的方式。学生按照由浅入深、从易到难的课堂教学原则，先从词汇着手，逐步过渡到学会书写句型，再练习连句成段，接着学写一些含义贯通的小片段，最后连段成文，写出命题作文。

（三）对学生进行赏识教育，增强学生自信

对中小学生实施赏识教育是以赏识与赞美为基础的教学方法。赏识的主要目的是使学生得到更多的自信。在教学中，正确的表扬是对学生良好行为与表现的充分肯定，并通过表彰奖励让学生知道自身的优势与特长，从而增强自信。

首先，表扬学生应该做到公平合理。如果夸得不适当，学生也会产生怀疑，从而起不到合适的鼓励效果。其次，表扬要真诚，只有真心真意的表

扬，学生才能主动地回应，真心的表扬会让学生得到真诚的感染。最后，表扬要做到适时，学生学习有了进步就需要适时予以表扬和引导，否则就失去了时效性。

赏识教育同样有助于提高学生的自尊。大量科学研究证实，在自尊心得到维护与激励的环境中，学生的认识活动最有效率。在课堂教学中，教师应重视并相信学生，小心保护学生的自尊，因为人都有一个形成自我概念，以及被别人所接受的需要。而课堂并不仅仅是知识传递的过程，也是人际沟通的过程。

（四）善于对学生心灵疏导，降低学生心理焦虑

在外语教学中，缺乏自信的学生更易出现语言紧张或应试焦虑。一般来说，学生能够通过自身心态调整减轻或消除语言紧张及考试焦虑，不过并非全部学生都能克服高度紧张心态。减轻语言紧张水平主要通过心理疏导、改善训练方法等手段。

首先，我们要帮助学生分析自身的发展实力与水平，科学合理地要求自己，了解自身的发展优势与短板，并按照自身的发展水平调整好目标，制定切合自身实际情况的发展目标，然后分阶段地达成目标。根据各个学生设置不同的教育目标，如果学生在自身原来的基础上有长进或提高，就予以表彰与奖励。

其次，意志力才是最关键的自信元素。如果意志力强，那么每个学生的自信就可以维持很长时间；而意志力弱，则每个学生的自信就容易受挫。应当培养学生坚强的意志品格，使学生在艰难前面勇于藐视阻碍，知难而上；同样面临挫败之时不要灰心丧气，要英勇顽强，坚持下去。有了战胜苦难的毅力和战胜阻碍的胜利体验，学生就可以逐步提高志向水平，也可以适当评价自身，从而树立学习英语的正确信念。

再次，营造舒适、卫生的学校环境不仅仅是为了鼓励学生学业提高，同时可以避免学生的不安心态。只有健康的教学环境才能促进学生发挥创造力，并形成健康的个人性格和积极的自我价值观。中小学校应该重视校园建设，努力给学生营造一种愉快向上的学习气氛，并争取使校园的每一个地方都发挥良好教育的功效；而教师也应该有意识地做好班级文化建设，通过进行富有渗透性与暗示效果的心理健康活动，让中小学生获得潜移默化的心理影响，从而降低焦虑水平。

最后，解决考试焦虑症的办法主要有心态指导和学习引导等。在心态上，对付考试焦虑症的主要办法有调节呼吸法、自我暗示法、想象法和松弛法等。学习引导的方法主要有培养学生正确的试卷观念，调节期望水准；进行应试准备，在考前给学生突击复习重难点，并指导解题方法与答题策略，以培养学生的应考技巧。

当前，重视学生的情感态度已成为教育变革趋势的主要特点之一。大学英语课程已将培育学生的学习兴趣、心态和自信等社会情感原因列入目标之中。培养学生有效掌握知识的认知策略被列入情感课程的教学目标的主要内容，充分体现了以人为本理念的教学思路和可持续发展的教学理念。所以在情感课程的研究和实施过程中，应该注重"知情并进"，即在让学生有效掌握知识的同时，让他们的道德感、审美观、理智感等情感意识领域都有进一步发展与提升，同时心理品质有所升华，这与情感课程整体的教学原则是相一致的。

三、教学策略

教学工具是达到课程目标和教学目的的最主要手段。课堂是学生学习、获取知识、发展技能的主要场所，也是师生共同生活发展的主要场所。在中国，英语学习者大多也是在教室里掌握了英语这门语言的。在英语课堂教学中，教师的课堂活动往往是直接影响学生英语学习的最主要原因，教师在课堂教学活动过程中的每一个细节都会对学生的英语学习动机与结果产生深远的影响。所以，英语教师应以语言教育理论为引导，利用课堂活动来培养学生的英语学习动机。

（一）提高学习者语言输出机会，创设愉快的英语学习课堂氛围

Kreshen在输入假说理论（Input Hypothesis）中指出，可理解的语音输入是影响语言学习者第二语言习得的最主要原因。课堂教学中应有充分的语言可理解输入。语言学家Swain根据她在加拿大法语学校"浸泡式"话语教学实验的基础，创立了她的输出假说理论（Output Hypothesis）。她认为话语产

出对第二语言学习同样重要。她指出，"除去必需的可理解性输入之外，话语学习者应该有时机运用所学语句，这样的话才有希望到达流利、近似母语者的水准"。Swain表示，输出在第二语言学习流程中有三个方面的意义：①可提高学习者对话语类型的关注，起到重视、触发的作用。②能让学习者检验自己提出的假设。③输出能使学习者对整个语言习得过程做出有意识的反应，即元语言功能。Swain认为，语言输出这三项作用都有助于提高第二语言的准确性、流利性和语言习得的自动化，语言的输出与语言的输入一样是第二语言习得得以产生的重要条件。此外，Kreshen监控理论中提出了情感过滤假设（Affective Filter Hypothesis）。他提出每一个语言学习者都带有一个情感过滤器，该情感过滤器由对待语言的态度、动机、自信和忧虑等情感因素组成。该情感过滤器决定了第二语言学习者在正常的或非正规的语言环境中学习的多少，影响了第二语言学习者的发展速度以及语言学习者的成熟水平。如果学习者有着喜欢的态度和自信并处在一个免焦虑（anxiety free）的语言环境中，该语言学习者会带有一个"低倍过滤器"，因而能有效地进行语言学习。相反，如果语言学习者带有一个"高倍过滤器"，第二语言学习也许就会受到阻碍或停滞不前。

综上所述，在课堂教学活动过程中，英语教师应给予学生大量的可理解输入与输出的机会。让学生多听课文的标准读音，与英语本族人的对话情境视频。为学生创造充分的口语练习条件，使他们沉浸（exposure）在英语语言教学环境当中。课堂语言输出是学生语言运用机会与语言运用能力训练的体现。在课堂教学中，教师应为学生提供语言运用的机会，并鼓励学生开口说英语，鼓励并要求学生用英语回答问题、表达观点与看法。在创设课堂教学活动与任务方面，课堂活动与任务应体现语言信息的交流和意义的表达而非语言的形式与结构，要使学生能用所学的语言知识完成课堂活动与任务，在活动与任务中提高学生的英语综合运用能力。同时，教师要理解和关心每一个学生，看到和赞扬学生的闪光点，多引导、鼓励学生，减少指责和惩罚，减少学生在英语学习过程中的焦虑感。同时，鼓励学生同伴间互相帮助，以创设激励学生的学习动机和对语言练习的兴趣。努力创设一个让学生充满自信、有成就感与有积极情感体验的免焦虑的语言学习环境。

（二）开展小组合作学习，提高合作意识与能力

语言学家Gerdy曾提出，当学习过程是团队的努力而不是个体的赛跑的时候，学习就得到了强化。好的学习就像是好的工作一样，是合作与社会的行为，而不只是个体的行为。分享他人的观点与对他人的观点给予回馈能够激发学习者思考，使其加深理解。由于在合作学习过程中，学生们相互交流、协商、争论与协调，在与小组成员的合作过程中，个体会更注意问题的每个方面并且希望为小组任务的完成贡献自己的力量并发挥自己作用与价值。这样的小组合作使得工作更高效。这也提高了学生的学习动机，使他们更主动、积极、努力地参与学习过程。在小组自我价值实现过程中，学生也会变得更加自信、更对学习感兴趣，这就会提高他们的内部动机。而英语作为一门有交流功能的学科，更离不开小组的合作学习。要提高英语语言综合运用能力，学生需要大量的交流与运用机会，而小组合作则能为学生提供这样的机会。因此在课堂教学活动设计过程中，英语教师应充分学习语言教学理论知识，学习研究新的教学方法的理念与实施措施，并根据学生的差异性、教学情境的差异性，创造性地采用多样的课堂教学方法，根据内容和学生水平设计切合实际的小组活动任务，以培养学生的英语使用才能、人际关系才能以及合作意志和创造力。

简言之，学生的英语学习动机可以通过课堂教学活动得到培养和提高。教师应在课堂活动过程中为学生创造大量可理解的口语输入和输出机会，从而创造免紧张的英语课堂学习气氛，开展合作练习，使学生在练习过程中体会到英文教学的乐趣和成功。这样也会培养学生对英文教学流程本身的学习兴趣，以及激励他们学习英语的内在动力。

四、环境策略

Deci和Ryan指出，当教学环境提供了一种充满挑战性、刺激感和自主权的环境时，学生的激励积极性也会像泉水一般源源不息。而课堂文化精神气息则是课堂教学的一个相对占优势的心态和情感相互结合的表现，是一种特殊的心灵气息。简单愉悦的教学气息可以提高教学趣味，使学生精力充沛、互相感染，充满积极性地参加课堂教学，从而促进教师间、生生间的情感与

信息上的沟通，进而帮助学生的学习心态达到一种亢奋状态。学生喜欢探索、思考敏捷，教学成果就可以在一个较长的时期内达到有效状态，从而提升课堂效果及教学质量，减少学生课后负担。而怎样营造能够调动学生英语学习动机的课堂气氛，需要我们去研究。

（一）提升教师专业素养

如果学生能够从心底钦佩教师在英语方面的造诣，并能够在课堂上得到教师的鼓励和认可，就会在课堂上认真听讲，积极发言，把自己的全部精力都投入英语学习当中，课堂效率也会得到巨大的提高。因此，教师必须持续地提高自己的专业素质，并尽力掌握高等教育、心理研究等专业知识，更要加强英语方面的学习，提高自己的英语水平，做一名能够得到学生认可的英语教师。

（二）尊重学生人格，关怀每一个学生

美国心理学家Sawhney通过研究发现，在课堂能够接收到教师辅导较多的学生更容易取得好的成绩。如果教师以饱满的热情投入课堂当中，对学生来说是非常重要的。教师在与学生的交流中采取循循善诱的态度，与学生共同创造良好的课堂氛围，这本身就是教师对学生关爱的表现。教师与学生之间必须是协作的伙伴。教学上，教师带给学生更多的是激励、认可与信心。课堂上，师生间的信息沟通通常是在相对个体的特定情感氛围中完成的。而教师对学生的了解与信赖、热心引导与耐心等待，都可以转变为学生的自信心、对知识的强烈渴望和对课堂上教学活动的积极投入。所以，教师要着力养成自己优秀的心理素质，将真诚的爱心传达给学生，用温暖、积极、信赖、尊敬的情感去影响学生，让学生在轻松的环境下，不断地保持积极状态，逐步形成乐思、善思、敢思、勤思的良好思维品格。尽量平等地对待每一个学生，是创造和谐师生关系的基础。

（三）客观评价每一个学生，善待学困生

教师应该对学生的英语能力、测试做出公正、科学的评定，让学生对自己的学习状况有一个清醒的认识。对于大部分学生来说，自己的学习成果是对他们最大的鼓励，如果看到自己的学习成绩取得进步，他们就会提高对英语的学习兴趣。同样，如果他们发现自己英语学习中存在的缺点和问题，就会努力改正这些缺点，为下一步的学习确立良好的方向。教师对学生学习水平的反馈应该是经常性的，这样可以时刻提醒学生正确认识自己，教师要通过日常评定了解学生英语学习的状态，不断调整教育教学方式，加强针对性的指导。教师要以正面的心态去面对学生，特别是学困生。在课堂中，相比于优生，学困生常常遭到老师漠视，甚至还会受到老师的冷嘲热讽，二者相差悬殊的待遇直接影响了学生学习。所以，教师在课堂中要客观公正地看待学生，并协调好班级人际关系，以营造一种互助合作的良好课堂气氛，为学生创造一个积极、主动、活泼、健康、宽松的英语学习环境。"感人心者莫先乎情。"若中小学生对教师有较强烈的信赖感、好感、亲切感，喜欢上这位教师，自然而然就会转变到喜欢其所教的课程，并获得"亲其师，信其道"的成效。在英语教学的课堂中，平等对待学生就是在教学过程中不留死角，调动每个学生的积极性。教师不能高高在上，装出学识渊博的样子，让学生觉得高不可攀，无法超越，甚至惧怕，而是应该真实地展现自己，不掩盖自己的错误，甚至有时可适当故意犯错，让学生觉得教师也不过如此，可以超越，从而增加学习的信心。

五、重视教师的课堂话语反馈对学生英语学习动机的影响

在英语课堂上，教师的口头反馈不仅是对学生回答问题的答案的肯定与否，也是学生语言输入的重要部分。高中英语课堂教室口头反馈的数量和质量都应当被给予更多关注。一方面，我们发现多角度的口头积极评价在提高学生学习动机方面有很大的作用。另一方面，教师口头评价的质量对于教学和学生的语言习得是有很大关联的。正确的、合理的教学口头评价有助于改善学生的学习动机，但与此相对的是，不相关的、不恰当的教学口头反馈也会对学生的学习动机有所影响。比如，当学生回答问题正确的时候，教师应该给予具体的评价和补充相关知识来进一步激发学生的学习动机；当学生回答问题错误的时候，教师应当选择恰当的口头反馈方式来引导学生自我纠错。为了减轻学生的压力和紧张感，教师应当首先鼓励和安慰学生，引导学生继续思考。霍桑效应告诉我们：当一个人感受到正受到关注，从而真正投入工作或学习之中后，他会表现出较高的效率。每个人的内心都像是上了锁

的门，任再粗的铁棍也无法撬开。教师在积极的评价中对学生表现出的关爱，让教育成为一把"钥匙"，打开了人的心灵之门。比如，在口头反馈中，教师可以尽量避免"你很聪明""你很有天赋"这种侧重先天性的评价，多使用"你最近很努力""恭喜你，你的努力有了非常明显的效果"等这类过程性评价反馈，也可以补充一些相关的知识。在这种有效的反馈中，教师可以降低师生之间思想交流的情感过滤程度，帮助学生语言输出和增加课堂互动，同时照顾了学困生的感受。

学习委员"辍学"案例的辅导与反思

一、案例介绍

早上7点25分，我准时踏进教室。这几天气温骤降，冷得不想出门，还好学生们已把准时参加早读当成习惯，教室里的琅琅读书声让我倍感温暖。咦，有一空位子，是小悦。兴许是病了，我拨通了小悦家的电话询问情况。她母亲的回答令我感到很意外，小悦说今天天气太冷了，不想上学。平时文静、成绩优秀的乖乖女，怎么会以这种理由逃学？我隐约感觉到有什么事情。本打算中午再打电话找她聊聊，她母亲已经急切地找到我，说小悦近来很反常，总说压力大，加上肠胃经常不舒服，都不想上学了，希望我能帮帮她。我很吃惊，小悦性格文静，学习一直都很努力，成绩一直保持优秀，是班里的学习委员，也是大家公认的学霸，况且都快高三了，她怎么会不想上学?

二、案例分析

中学生正处在心智成长阶段，理当把握住求学的大好时机，何况当今又是一个科技日新月异、知识经济迅猛发展的时代，应该说，这更能激发广大学生的求知热情。高二年级是高中生活的关键，可以说是高中三年中最难把握的一年，学生没有一年级的新鲜感，也没有三年级的紧迫感。刚升入高中一年级时，学生彼此不很熟悉，要交新朋友，要适应高中生活，要找到在新集体中的位置，这一切都做得小心翼翼；高三时由于高考的迫近，外界环境的压力和自身对高考的思考又让学生冷静下来，想好好学习，考上大学；高二年级的学生在班级的位置大概确定，距离高考又遥远，同学之间也特别熟了，学校的一些规律也熟悉了，各种各样的想法、做法都产生了，两极分化的现象可能会非常明显，管理或引导得不好就有可能走到严重影响学生健康成长、影响学校正常教学秩序和影响学校教学质量的地步。

像小悦这样平时考试成绩好，排名靠前，担心考试发挥失常而感觉压力大的学生，在重点班的学生中占有一定的比例。他们平时学习自觉刻苦，颇受同学的尊敬，自然而然地形成了一种优越感。但是，一旦学习成绩下降或遇到学习瓶颈，当现实与主观愿望产生错位时，他们的心理容易受到挫折，情绪波动也比较大。在这种情况下，我们应该采取减负降压的方法，用温暖入耳的话语加以劝慰，缓和他们的内心矛盾，使其情绪稳定下来，再进行耐心、细致的教育，帮助其恢复心理平衡。

三、个案处理

经过一番思考，从科任老师那里了解情况并同家长协商后，我决定给小悦放两天假，目的是让她有时间静心思考，同时调理好身体。另外，我发动班里同学通过班级QQ群不断给她送温暖。"小悦，听老师说你病了，好好休息，身体可是革命的本钱哦！""小悦，政治笔记我帮你抄好了，你可记得要请我吃鸡翅，嘻嘻！"同学们的关怀和理解让小悦的情绪逐渐稳定下来。第三天，当小悦走进办公室时，一副惴惴不安的样子。为了卸掉她的心理负担，我采取了迂回战术。"听说你的钢琴弹得挺好的，已通过了八级考试，今年的校庆演出你可要为班出力了。"小悦吃惊地看着我："老师，您怎么知道我会弹钢琴？"（让学生感受到你在关注她）

我只是神秘地一笑，（知己知彼才能百战不殆）话锋一转："听说你有不想读书的念头？我一直觉得你在学习方面很有潜力，学习成绩优异，并且你也一直很努力，不是吗？"

她缓缓地将头低了下去，表情显得很痛苦。"老师，您不觉得我很失败吗？""你是指学习上吗？"我很平静地问。（乘胜追击，寻找问题的关键）"是的。"她回答得很简短。

我表情严肃地说："我很理解你现在的心情。你一定在想，我在学习上已经很努力啦，可为什么成绩总上不去，是这样的吗？"

她点了点头："我觉得学习没有希望了，我一直努力地做题，可总解不

开那些数学题。""那些数学题，其他同学能否解答？"我接着问。（我继续提问，试图了解她内心深处更多的想法）

她若有所思地回答："我也知道那些题确实很难，很多同学也无法解答。可不知为什么，我总觉得我是老师眼中的优生，我得把它们解答出来。越想做就越是做不出来，感觉很烦躁，都不想读书了。"

到目前为止，问题已经充分暴露出来，小悦不想读书的根本原因在于，成绩优秀的她，成绩开始下降。她是个自尊心很强的学生，成绩下降让她觉得很没面子，她内心不能接受这样的现实而产生了强烈的挫败感。最近的几次数学测试屡屡失败，更强化了她的失败感。于是，她有了不想读书的念头。而事实上，她内心深处是不想放弃学业的。

针对小悦的这种情况，首先要让她重新在学习上获得成就感；其次要让她树立正确的期望目标，保持良好的心态。数学是让小悦感到为难的科目，我决定从这个科目入手，我请数学老师给她分析了她在数学上存在的潜力，并结合她讲述的自己学习数学的方法，给她介绍了科学的数学学习方法。（调动了学生的积极情绪，并让她感受到了前所未有的重视及信任，于是信心倍增）

接下来，我发动各科老师给了小悦特殊的关注。我也和小悦的家长面谈了一次，分析了小悦的情况，家长表示配合我的工作，不再给她施加过大的压力，并树立正确的期望值。同时，我让同学多与她交流、互帮互助。小悦的情绪逐渐恢复过来。两周后的数学阶段测试中，小悦取得了理想成绩，她的脸上重新挂上自信的笑容。

四、案例反思

素质教育的发展为学校的教育工作提出了一个新的问题，即如何在实施素质教育的过程中关注与培养学生积极健康的心理。像小悦这样由于学习挫败感而产生厌学情绪的学生越来越多。在教学过程中，大多数教师往往更多地关注学生的成绩，而忽视了学生的心理辅导。小悦的成绩优秀，又是比较听话的学生。这类学生往往是教师最放心的对象，给予的关注也最少，然而事实上，这类学生是最矛盾、最容易产生心理问题的。首先，他们希望保持好成绩，所以很努力，学习往往比其他学生所花的时间更多，一旦成绩达不到理想的效果，就容易产生失落情绪，怀疑自己的能力；其次，他们又很要面子，即便是心理出现了矛盾，也不轻易与别人交流，教师、家长往往也不容易发现问题。

首先，通过与小悦共同确立学习目标，并确定切实可行的学习方法，让她在学习上获得成就感，这次成功使她产生了愉快的体验，激起她进一步努力学习的愿望。可以说，一次成功的学习比十次规劝或教导都有力得多。

其次，我通过与其他科任老师的沟通，为小悦争取到了其他科任老师的更多关注，使她重新找回了在学习上的自尊和自信，让她失落的心境和压抑的情绪得到了慰藉，学习动机得到了进一步强化。

最后，我通过和她父母的沟通，让父母重新确立了适合小悦的期望值，让小悦在心理上感受到了前所未有的轻松和快乐，这为她重新获得成功奠定了精神和心理基础。